金刚经 坛经 教读

王新水 著

东南大学出版社
·南京·

图书在版编目(CIP)数据

金刚经 坛经 教读/王新水著. —南京:东南大学出版社,2016.6

ISBN 978-7-5641-6453-9

Ⅰ.①金… Ⅱ.①王… Ⅲ.①佛经—研究 Ⅳ.①B942

中国版本图书馆 CIP 数据核字(2016)第 075764 号

金刚经 坛经 教读

出版发行:东南大学出版社
社　　址:南京四牌楼 2 号　邮编:210096
出 版 人:江建中
网　　址:http://www.seupress.com
经　　销:全国各地新华书店
印　　刷:江苏兴化印刷有限责任公司
开　　本:787 mm×960 mm　1/16
印　　张:9.5
字　　数:170 千字
版　　次:2016 年 6 月第 1 版
印　　次:2016 年 6 月第 1 次印刷
书　　号:ISBN 978-7-5641-6453-9
定　　价:26.00 元

目 录

※ ※ ※

金刚经 导读

金刚经 导读

一、《金刚经》的名称与来源

《金刚经》这一经名是略称，根据不同译本，其全称有三种：《金刚般若波罗蜜经》《金刚能断般若波罗蜜经》和《能断金刚般若波罗蜜多经》。这三种不同译名似乎暗示了“金刚”一词的喻义可以有不同的理解。

梵语“金刚”一词所指有二。一指金刚石，极其坚硬，可切割硬物；二指金刚杵，古印度的一种兵器，坚固锐利，故称之为“金刚杵”。“金刚”所指的这两种东西，都可以用来比喻般若智慧。般若智无坚不摧，能观照世间一切皆缘起性空，虚幻不实，能破除世间一切虚妄，一切烦恼。这种比喻义三种译名都可以容纳。但唐代玄奘大师认为，“金刚”在此不是比喻般若智，而是比喻烦恼，烦恼如金刚一样坚固，只有般若智慧才能断除，所以经名应该译作《能断金刚般若波罗蜜多经》，而不能译为《金刚般若波罗蜜经》，因为“能断金刚”是指能断除坚如金刚的烦恼，若缺失“能断”二字，则会令人对经名产生误解，以为“金刚”是比喻坚如金刚的般若智。其实“能断金刚”不但可以像玄奘那样看做动宾式短语，以“金刚”为动词短语“能断”的宾语，也可以视为偏正式短语，解作“能断的金刚”，意为能断烦恼的金刚般若智。也就是说，不管是把金刚比作般若智还是烦恼，都不违背经名所蕴含的基本义，即般若智能断除烦恼。般若智是大乘佛教的最高智慧，而佛教的无上智慧也可称之为菩提，因此如果从立足于般若空义的“烦恼即菩提”这一基本教旨来看，说金刚既比喻般若，又比喻烦恼，其实无碍法旨。般若法门并非屠龙之术，般若智无坚不摧的作用要在现实中成为事实，现实中就理应有非其不可摧的至坚之物成为其试金石。而此试金石未尝不可是坚固难摧如金刚的烦恼。正因为有坚固如金刚的烦恼，才需要有坚固如金刚的般若智。佛理如此，而“能断金刚”一语之义也正可做如上两可之解。另外，若就“金刚杵”的形状而言，“能断金刚”又可用来比喻菩萨行。菩萨行地前、入地、地上三段，首尾两段历时漫长，中间入地一段只需瞬间，全程耗时两头大中间小，正如金刚杵两端粗中间细的形状，所以金刚杵又可用来比喻整个菩萨行从发心到成佛的总历程。而整部《金刚经》可以视作对整个菩萨行次第的详细解说，因此以经名中的“能断金刚”比喻菩萨行全过程，正合经旨。（参见吕澂著：《能断金刚般若经讲要》，载《吕澂佛学论著选集》卷二，齐鲁书社，1991 年版，第 730—731 页）

“般若”是梵语音译，意译为“智慧”，是佛教的无上智慧。只有这种智慧才能观照诸法实相，实相非般若不能照，般若非实相不能明。般若智慧可以由文字教法而入，必须付诸实践才能自度度人。据上诸义，般若一般分为三种：实相般若、观照般若、文字般若。

“波罗蜜”，梵语音译，全称“波罗蜜多”，意译为“度”“到彼岸”“事完成”等。生死轮回为苦海，涅槃解脱即彼岸。脱离生死轮回，获得涅槃解脱，就犹如渡过苦海，到达彼岸。这是佛教的终极追求。一切获得解脱的方法都可称之为“波罗蜜多”。大乘菩萨行以六波罗蜜亦即六度为首。

六波罗蜜又以般若波罗蜜为根本。般若波罗蜜即智度，意为以智慧度脱，到达彼岸，而这也意味着般若修行的完成。般若为诸佛之母，整部《金刚经》都是讲如何修般若行，亦即如何以般若为指导修菩萨行。因此以“金刚般若波罗蜜经”为经名，不违全经大旨。

大乘佛教是随着大乘佛经的出现而兴起的。一般认为，最早出现的大乘佛经是般若类，出现的具体时间不确定，有学者认为大约公元 1 世纪左右。专门宣说般若空思想的佛经总称为《般若经》。《般若经》数量庞大，根据玄奘搜集编纂并翻译的《大般若经》，共有十六种（或称十六会、十六分），总计六百卷。其中开头五会是根本般若经，其余皆属杂类，叫杂类般若经。根本五会内容相似，只是文字详略不同。第一会最详细，有十万颂，第二会二万五千颂，第五会八千颂。第三会与第二会内容相似，第五会与第四会内容差不多。一般认为，小品八千颂般若最早出现，大品二万五千颂其次，十万颂最晚。

《金刚经》被玄奘放在第九会，叫《能断金刚分》，只有三百颂，共一卷，是《大般若经》中最小的一种。篇幅虽最小，但却综合了全部般若经的主要思想，充分阐述了“性空假有”这一般若思想的核心教义。现代义学高僧印顺（1906～2005）根据经中出现的一些与中品般若阶段类似的表达，认为《金刚经》的出现在中品般若之后。吕澂（1896～1989，江苏丹阳人，有学者把他与印顺合誉为 20 世纪中国佛学研究界之“双璧”）根据经的组织形式，认为它的出现早于小品般若。总之，《金刚经》在般若类经典中出现较早。

“乃知般若无边，允唯金刚第一。”作为单行本流通的《金刚经》，短短五千余字，自后秦鸠摩罗什至唐义净，前后三百年间，共译六次。

二、《金刚经》的传译与影响

西方中世纪世俗王权需要获得宗教神权的加冕，中国古代政教关系与这种模式相反，一直是世俗王权为宗教保驾护航，王权根本就不必事先获得宗教神权的加冕，虽然王权往往会利用宗教势力巩固其地位。东晋高僧释道安的千古名言可为此作证：不依国主，则法事难立。《金刚经》的汉译，无疑是道安此言的典型注脚之一。本经六次汉译的六位译者，五人译经得到帝王直接护持，一人则由地方太守护法。

六次汉译前后如下：

1. 后秦（或作姚秦）天竺三藏鸠摩罗什公元402年首译，名《金刚般若波罗蜜经》。后秦国主姚兴护法。

2. 元魏天竺三藏菩提流支公元509年二译，名《金刚般若波罗蜜经》。元魏宣武帝护法。

3. 陈天竺三藏真谛公元562年于广州三译，名《金刚般若波罗蜜经》。时梁安太守王方奢护法。

4. 隋三藏达摩笈多公元592年四译，名《金刚能断般若波罗蜜经》。隋文帝护法。

5. 唐三藏法师玄奘公元648年五译，名《能断金刚般若波罗蜜多经》，即《大般若波罗蜜多经》第九会、卷五七七之《能断金刚分》。这次翻译因唐太宗病重，为了祈福，玄奘中断正常译事，熬至五更三点，一夜译成。因时间仓促，未及润色修改，玄奘自己不甚满意，但太宗已刊印一万册，颁行天下。

6. 唐三藏沙门义净公元703年六译，名《佛说能断金刚般若波罗蜜多经》。则天皇帝护法。

六译本除玄奘译本随《大般若经》收入《大正藏》第七册，其他五译本都收入《大正藏》第八册。

六译中罗什译本最早，也最为流行。义净译本最晚，但流通不广。吕澂认为义净本翻译最精确，其《能断金刚般若经讲要》即用此译本。

六译本在经文要义大旨方面其实差别无几，只是在篇幅和文字上互有出入。篇幅最短的是义净译本，最长的是玄奘译本，与罗什译本相差近三千字。除了翻译风格的差异之外，造成译本互异的一个重要原因，可能是各人所依据的梵文底本不同。据玄奘高弟窥基所说，《金刚经》梵文本原有广、中、略之分，龟兹梵本（于阗本）与罗什译本相近，属略本；昆仑梵本与菩提流支、真谛译本相符，属中本。据印顺法师的看法，不同梵本不仅篇幅不同，而且所代表的学派也有别，罗什译本是中观学派的诵本，而其他五译本都是唯识学派的诵本。

玄奘认为，罗什译本在内容上存在以下最明显的缺失：

1. 三问缺一：流通本“善现启请分第二”中，罗什译本只有“应云何住，云何降伏其心”二问，而玄奘译本则有“应云何住，云何修行，云何降伏其心”三问。其他译本也都有三问，这是个很重要的差别。吕澂认为这三问对应的正是菩萨行的三总相——住相、修行相、降伏相，这三相菩萨行的每一个次第都缺一不可。他依据的不仅仅是唯识学派祖师无著的解释，还有中观学派祖师龙树的解释。

2. 二颂缺一：流通本的“法身非相分第二十六”中，罗什译本只有一颂“若以色见我，以音声求我，是人行邪道，不能见如来”。而玄奘译本在此之外则还有另一颂“应观佛法性，即导师法身，法性非所识，故彼不能了”。义净译本也有二颂。当然，这种缺失不同于上一缺失，就对经义的理解而言，几乎无关宏旨。

3. 九喻缺三：经文最后一颂罗什译为“一切有为法，如梦幻泡影，如露亦如电，应作如是观”，只有六喻；玄奘译作“诸和合所为，如星翳灯幻，露泡梦电云，应作如是观”，有九喻。义净译本比喻与玄奘同。如不对每个比喻的差异做细微诠释，这种缺失对于经旨的理解似乎也无大碍。

4. 八唯说四：罗什译本著名的“四相”——“我相、人相、众生相、寿者相”，玄奘译本有“八想”——“有情想、命者想、士夫想、补特伽罗想、意生想、摩纳婆想、作者想、受者想”。这种差别于经旨的理解影响似乎更小。何况义净译本也并非八想。但“相”“想”之别，有时对经义的理解却会造成甚大不同。

尽管罗什译本被玄奘指出以上缺失，但因为与其他译本相比它不但在经旨要义方面并没有多少关键的损失，而且还文字流畅，言简意赅，在各译本中流传最广、诵者最多、影响最大，历史上很多注解都选用它，连窥基作注也取它而舍其师所译，所以我们这里也采用罗什译本。罗什译本本无三十二分和标题，但因为坊间流通的《金刚经》几乎都按三十二分印行，为了随顺现实和方便分段，我们也加上三十二分和标题,但解义完全与标题无关,因为那些标题多与经文脱节。三十二分相传出自编选《昭明文选》的梁昭明太子萧统,但据学者研究,这种说法缺少足够的证据(参见顾伟康:《金刚经解疑六讲》,上海古籍出版社,2011 年版,55—60 页)。

既然选择罗什译本,不妨在此对鸠摩罗什稍作介绍。鸠摩罗什,梵文名 Kumarajiva,又译鸠摩罗什婆、鸠摩罗耆婆,略作罗什。意译为童寿。生卒年为公元 344～413,一说公元 350～409。东晋龟兹国(新疆疏勒)人,后秦僧人,我国四大译经家(其余三人为梁代真谛、唐代玄奘和不空)之一。父母都奉佛出家,素有德行。其父鸠摩罗炎出身天竺望族,后到龟兹,生罗什。罗什 7 岁随母出家,初学小乘经典。9 岁随母赴罽宾(今克什米尔地区)从槃头达多诵读杂藏、阿含等经。12 岁与母返龟兹途中,在疏勒驻留年余,修习阿毗昙及六足论,从大乘僧人、莎车王子须利耶苏摩诵读《中论》《百论》和《十二门论》,复从佛陀耶舍授读《十诵律》等。后佛陀耶舍一直和他合作翻译佛经。罗什回龟兹后,广习大乘经论,讲经说法,成为中观大师。槃头达多从罽宾到龟兹,罗什晓以大乘宗义,使之垂信。于是罗什的名声大震西域,在汉地也有传闻。前秦建元十八年(公元 382)苻坚派遣吕光攻伐焉耆,接着消灭龟兹,劫夺罗什至凉州。三年后姚苌杀苻坚,灭前秦,吕光于是割据凉州,自立为凉主,罗什随吕光滞留凉州达 16～17 年。后秦弘始三年(公元 401)姚兴攻伐后凉,亲迎罗什入长安,入逍遥园西明阁,以国师礼待,并在长安组织了规模宏大的译场,请罗什主持译经事业。此后十余年间,罗什悉心从事译经和说法。据《出三藏记集》载,罗什在弘始四年(402)至十五年(413)期间,译出经论 35 部 294 卷。其中重要的有《大品般若经》《小品般若经》《妙法莲华经》《金刚经》《维摩诘经》《阿弥陀经》《首楞严三昧经》《十住毗婆沙论》《中论》《百论》《十二门论》《成实论》及《十诵律》等。所译经典极为广泛,重点在般若系的大乘经典和龙树、提婆一系的中观派论书,内容信实,文字流畅,有些经典后虽有新译,仍难以取代,在中国译经史上有划时代的意义。例如,三论宗之名即从《中论》《百论》《十二门论》三论而来;天台宗(法华宗)实际创始人智顗选用他所译的《妙法莲华经》作注;他所译的《维摩诘经》也是七种汉译中最流行的译本。

罗什门下名僧辈出,有僧肇、道生、道融、僧睿、昙影、僧导等,后世有“四杰”“八俊”“十哲”之称。

《金刚经》对中国佛教的影响巨大。中国佛教天台宗、三论宗、唯识宗、禅宗、华严宗等各宗祖师都曾注解《金刚经》。声称"诸佛妙理，非关文字"的禅宗六祖、南宗禅祖师惠能，相传正是听人念诵《金刚经》而发心出家求法，并于五祖弘忍为他讲《金刚经》时，听到"应无所住而生其心"一句而言下大悟。后来惠能讲法也常叫弟子持诵《金刚经》。

不仅在教内影响巨大，在教外《金刚经》的影响更是遍及社会各个阶层。上至帝王将相，下至劳苦大众，无不重视此经。唐玄宗将此经与儒家《孝经》、道家《道德经》作为释儒道三教最根本的经典。他还亲笔御注《金刚经》。宋代《金刚经》是出家考试的必考科目。明太祖朱元璋、成祖朱棣都曾重编《金刚经集注》，还御笔作序。而且朱棣的集注本，明清以来颇有影响。

下层劳苦大众很多虽未必能解经义，有的老人甚至不识一字，但很多人对《金刚经》都能倒背如流。这不但是因为经中多次宣讲持诵本经可以具有无量功德，还因为持诵本经的灵验感应故事到处流传。宋代以后，持诵《金刚经》甚至成为一种宗教仪式，只要参与这种仪式，都有福德。这更容易增强和扩大《金刚经》对大众的吸引力和影响。

历史上《金刚经》还有其他语种的译本。现存的有藏、蒙、满、维吾尔、于阗、粟特等各语种译本。现代还有日、德、英、法、俄、意等各语种的译本。有的语种自然也不止一种译本。

《金刚经》现存三种梵文本，时间在公元五至七世纪之间，分布地区相距很远，这说明本经很早就流通广泛。

三、《金刚经》的古今注解

《金刚经》在印度就有很多大师注解。除相传为瑜伽行派创始人的弥勒所造的八十偈释本之外，还有无著《金刚般若论》(2 卷)、世亲《金刚般若波罗蜜经论》(3 卷)、功德施《金刚般若波罗蜜经破取著不坏假名论》(2 卷)。另外七世纪的师子月、月官和八世纪的莲花戒等也撰有论释，但无汉译本。

中国从《金刚经》译出直至近代，各家论疏注解不绝。相传至唐代即达八百家。宋代人所收集注疏，至今尚存五十三种。其中要者如下：

后秦・僧肇《金刚经注》1 卷(存疑)；

隋・吉藏《金刚经义疏》4 卷(一作 6 卷)；

隋・智顗《金刚经疏》1 卷；

唐·慧净《金刚经注疏》3 卷；

唐·智俨《金刚经略疏》2 卷；

唐·窥基《金刚经赞述》2 卷；

唐·惠能《金刚经解义》2 卷，《金刚经口诀》1 卷(存疑)；

唐·宗密《金刚经疏论纂要》2 卷；

宋·子睿《金刚经同刊定记》4 卷；

清·徐槐廷《金刚经解义》2 卷；

近代·丁福保《金刚经笺注》。

现代有印顺的《金刚般若波罗蜜经讲记》(收录于《般若经讲记》)，吕澂的《能断金刚般若经讲要》(收录于《吕澂佛学论著选集》卷二)。笔者对全经结构及各段经旨的解释，多依吕澂。

佛经的讲解、译注工作，近几十年来，教界学界的，专业业余的，一直有人在做。学界所作的《金刚经》译注，就笔者所见，近几年来较流行的有宣方的《金刚经译注》(中华书局，2012 年版)、陈秋平译注的《金刚经·心经》(中华书局，2010 年版)、王月清注译的《金刚经》(凤凰出版社，2010 年版)等。

海外注解，日本有空海《金刚经解题》(1 卷)、法树《金刚经诸译互证》(3 卷)、光谦《金刚经破空论俗谈》(1 卷)、楞伽道人《金刚经讲义》(1 卷)等。另外，西方学界英译和研究《金刚经》的权威孔茨(Edward Conze，1904～1979)也有注解。

四、当代人读《金刚经》的一般意义

《金刚经》不但对整个中国佛教，而且对整个中国文化、艺术、思想乃至中国人国民性的塑造，都产生了很大的影响。当代人尤其是作为人类文明传承主体的大学生，即使未必要培养起佛教的情怀或信仰，即使未必要按照佛教的与其他任何宗教、哲学都不同的独特观点观世界、过日子、处人事，但如果我们认可我们当下的一切都包含了历史的基因，认可现在的一切都深深烙上了历史的烙印，那么阅读《金刚经》，不仅对于理解整个中国古代文化、艺术、思想，而且对于理解中国当下的现状，对于理解现代中国人的国民性，都将不无裨益。而对那些对佛教感兴趣、关注当代中国乃至世界佛教现状的读者而言，如果能领悟本经要义，则至少可以独立自主地对当今中国乃至整个世界的佛教状况做出合乎教理的判断，而不必人云亦云。佛教与基督教、伊斯兰教、犹太教的不同之处，一般读书人大多都能判别，因为那些宗教绝对不会把人人都可以成为上帝作为基本教义，而人人都可能成佛却是大乘佛教的基本教义。但是，大部分读书人都未必能判断，现在社会上的很多佛教活动乃至佛教徒的很多行为，到底是符合佛教教理的真正的佛教行为，还是仅仅是打着佛教旗号、违背佛教教义的世俗行为？如果我们能用心领会《金刚经》的要义，那么上述问题即可一目了然。

当然，就像学习儒家经典一样，阅读佛教经典理解佛教思想也并不是或主要不是为了评论他人和世界，而主要是为了产生反求诸己、自立立人、自行化他的行动。虽然即使理解了佛经并将其理论付诸实践，我们也未必能具有菩萨那样的大智大悲，未必能像菩萨那样具有割肉喂鹰、舍身饲虎的舍己为人精神，未必能像菩萨那样具有“地狱未空，誓不成佛。众生度尽，方证菩提”这种“我不入地狱谁入地狱”的献身气概，但也许我们至少可以因此而更好地做到“诸恶莫作，众善奉行”。尽管“诸恶莫作，众善奉行”并非佛教独有的戒规，而是人类文明共同的教导，因此虽然仅仅做到这点尚不足以成为真正的佛教徒，但如果因为受了佛教独特思想的影响而更好地做到了这点，那也算是佛教独特理论在促进人类善行方面发挥作用的一种方式。儒释两家的教导要想对善行真正起到促进作用，最关键的就在于学习者自己要率先身体力行。如果学习二家理论就像学习其他有些学问那样，只是为了纸上谈兵，或仅仅是为了教导他人，而学习者自己却毫无诚意去行动，毫无行动去身教，那对于世道人心、世风民风的改善，也未必能起多大作用。

以上所说只是阅读《金刚经》对于当代人的一般意义。对于佛教修行者而言，任何时代学习《金刚经》，都是为了促进修行，做真正的佛教徒。成为合格的佛教徒，更精进地修行佛法，慈悲为怀，让一切生命都脱离烦恼系缚，获得清净自在，同时又不为这一切而起烦恼，这是学习《金刚经》的特殊意义。

法会因由分第一

如是我闻[①]。

一时，佛[②]在舍卫国[③]祇树给孤独园[④]，与大比丘[⑤]众千二百五十人[⑥]俱。尔时，世尊[⑦]食时，着衣[⑧]持钵[⑨]，入舍卫大城乞食[⑩]。于其城中，次第乞[⑪]已，还至本处。饭食讫，收衣钵，洗足[⑫]已，敷座而坐[⑬]。

【注】 ①如是我闻：正常语序是“我闻如是”。“如是”指下文所要说的经文，提前用来强调所听说的内容确实可信。“我”习惯上认为是指第一次结集时诵出经藏的阿难（在佛十大弟子中号称“多闻第一”）。“闻”是指亲闻于佛陀。以“如是我闻”开篇是佛经通例，表示一切佛经都出于佛说。不过，早期汉译佛教也有以“闻如是”“我闻如是”开头的。②佛：“佛陀”的略称。“佛陀”是梵文 Buddha 诸多音译中最常见的一种，意为“觉悟者”。与声闻缘觉、菩萨的境界不同，“佛”指自觉、觉他、觉行圆满的境界，是佛教修行的最高果位。“佛”虽然被用来称谓佛教创始人释迦牟尼和佛教中一切获得最高觉悟者，但这个词并非佛教最先使用。在古代印度，如耆那教等很多宗教派别都用“佛”来称呼其觉悟者。③舍卫国：中印度古王国名。本是北憍萨罗国的都城名，为别于南憍萨罗国，故以都城代指国名。舍卫城是佛陀生前居止时间最长的地方，是佛陀宣化的中心之一。汉译《杂阿含》中的绝大部分经典，都在此处宣说。④祇树给孤独园：又称“祇园精舍”或“给孤独园”，略称“祇园”，位于舍卫城之南，佛陀曾在此宣说大量佛经。“祇树”意为祇陀王子的树林。给孤独名叫须达，是舍卫城的一位长者，因为乐善好施、帮助贫穷孤寡者而得“给孤独”之誉。祇陀王子因受给孤独长者敬佛的诚心感动，愿以花园树林施舍教团。因为此精舍是祇陀王子和给孤独长者共同布施给教团，故称“祇树给孤独园”。祇园与王舍城的竹林精舍，是佛教最早的两大精舍。⑤大比丘：指德高年长的比丘。“比丘”为梵语音译，指出家受具足戒的男子。“比丘”由梵语“乞讨”一词转化而来，《大智度论》（卷三）谓“比丘”语义有乞士（行乞食以清净自活者）、破烦恼、出家人、净持戒、怖魔等五种。其中，破恶（破烦恼）、怖魔、乞士称为“比丘三义”。⑥千二百五十人：据《过去现在因果经》（卷四）所说，耶舍长者子朋党五十人，迦叶三兄弟及其徒众一千人，舍利弗师徒一百人，大目犍连师徒一百人，这一千二百五十人先事外

道，后受佛化导，而得正果。于是感佛之恩，所有法会常随不离，称为“常随众”，故诸经开篇列众多称“千二百五十人俱”。⑦世尊：意为世人所尊敬的人，音译为“薄伽梵”，佛教用来作为对佛陀的尊称之一。⑧衣：佛教僧人的衣服分为三种，称为“三衣”。三种衣服都必须用坏色即浊色布料制造，故又称袈裟（“坏色”之意）。乞食时着衣须按戒规。⑨钵：梵文音译“钵多罗”的略称，僧人的食具，为“比丘六物”（六物指三衣、钵、坐具、漉水囊）之一。钵的材质、颜色、大小都有规定。材质一般为泥或铁。钵意译为“应器”或“应量器”。所应有三：一色相应，钵要灰黑色，令不起爱染心；二体相应，钵体粗质，使人不起贪意；三大小相应，不过量，乞食不过七家，令人不放纵口腹。⑩乞食：十二头陀行之一。据《大乘义章》（十五）所说，乞食的目的有二：一为自利，无须自己谋食，省事修道。二为利他，给予众生种福机会，福利世人。因此，在佛教看来，比丘为资养自己的色身而乞食于人，是清净的正命，而如果自己从事种种职业谋生，反倒是邪命。⑪次第乞：十二头陀行之一。即不择贫富，不论贵贱，挨家挨户，依次乞食，以示平等。⑫洗足：古印度凡出家修道者外出乞食都赤足，所以回到住所要洗足。⑬敷座而坐：铺设坐具之后安坐。“坐”，指趺坐或跏趺坐，佛教修行的一种，与常人闲坐不同。

【按】

这部分一般被看做是本经的序分，主要说明佛陀宣说此经的时间、地点和说法情境。从中不但可以看到佛陀作为一个伟大教化者朴实平凡、守戒清净的日常生活，而且也可以了解佛陀时代僧团修行者的典型生活方式。

中国佛教采用东晋释道安始创的分判方法，一般把佛经分为序分、正宗分、流通分三大部分。序分是叙述一经说法因缘的开头一段文字。正宗分是一经的主体部分，紧接着序分之后。流通分在正宗分之后，是有关经之付嘱流通等内容的最后一段文字。

序分一般又可分为通序和别序两部分。通序各经都差不多，是为了表明一经确为佛说，可信无疑，故又称为“证信序”。别序叙述一经特有的宣讲缘由，以为正宗分的前导，故又名“发起序”。本经自“如是我闻”至“千二百五十人俱”，为通序；自“尔时”至“敷座而坐”，为别序。

通序一般包括大致相同的要素，称之为“五成就”“六成就”或“七成就”。六成就为：1.“如是”——信成就，相信如是所说乃佛说。2.“我闻”——闻成就，相信闻法者阿难乃亲闻佛如是说。3.“一时”——时成就，表明说法的时间。4.“佛”——主成就，点名说法之主。5.“在某处”——处成就，交待说法处所。

6.“与众若干人俱”——众成就，指同时听闻佛陀说法的大众。若合主成就与处成就为一，则为“五成就”；离“我闻”为“我”“闻”，则成“七成就”。据《胜鬘经宝窟》（上本）所说，经文起始之所以要这六大要素，一是为了证信，二是为了简别内外（佛经以外的其他一切外经都以“阿沤”一字为首），三是为了区分经论不同，论乃佛弟子所作，而经乃佛亲口所宣。《金刚经》通序六大要素都完备齐全，表明本经确乃佛说，可信无疑。

善现启请分第二

时，长老①须菩提②在大众中即从座起，偏袒右肩③，右膝着地④，合掌⑤恭敬，而白佛言：“希有！世尊！如来⑥善护念诸菩萨⑦，善付嘱诸菩萨。世尊，善男子、善女人⑧，发阿耨多罗三藐三菩提心⑨，应云何住⑩，云何降伏其心⑪？”

佛言：“善哉，善哉！须菩提，如汝所说，‘如来善护念诸菩萨，善付嘱诸菩萨。’汝今谛听，当为汝说。善男子、善女人，发阿耨多罗三藐三菩提心，应如是住，如是降伏其心。”

“唯然，世尊！愿乐欲闻。”

【注】 ①长老：指年齿长、法腊高（一般出家受戒二十年以上），且智德殊胜的大比丘。又称上座、上首、首座等。后世禅家称住持之僧为长老。②须菩提：梵文音译，意译为“善吉”，佛陀十大弟子之一，号称“解空第一”。在早期般若经典中，是佛陀宣说空义的当机者。③偏袒右肩：披袈裟时袒露右肩，覆盖左肩。原为古代印度表示尊敬的礼法，佛教沿用之。比丘拜见佛陀或问讯师僧时，须偏袒，以便从事拂床、洒扫等工作，故偏袒右肩即表示便于服劳、愿意服侍之意。④右膝着地：印度的敬礼法，亦即互跪。⑤合掌：又作“合十”。即两掌十指合拢，以表示心思专一的恭敬。本为印度自古所行的礼法，佛教沿用。⑥如来：梵语“多陀阿伽陀”的意译，佛陀十种尊号之一。如谓真如，乘真如之道从因来果而成正觉，故名如来。又乘真如之道来三界垂化，故谓如来。又如诸佛而来，故名如来。又译为“如去”，即

如实而去。⑦菩萨:梵文 Bodhi-sattva 之音译"菩提萨埵"的略称。"菩提"有佛道、觉悟等义,"萨埵"具有情、勇猛等义。"菩提萨埵"意为求觉悟、求佛道的有情或勇猛求佛道者。只有发起并须臾不离上求菩提、下化众生之菩提心者,方可称之为菩萨。⑧善男子、善女人:指良家男女。佛经多用来称呼在家信男信女。此处"善"是对信佛、闻法、行善业者的称誉。另外,大乘经典中,呼菩萨时多称"善男子",呼比丘时则多呼其名。⑨发阿耨多罗三藐三菩提心:即发心求阿耨多罗三藐三菩提或发起求阿耨多罗三藐三菩提之心,亦即发心成佛或发起成佛之心,简称"发菩提心"。"阿耨多罗三藐三菩提"为梵文音译,意译为"无上正等正觉""无上正遍知"等。与修声闻、缘觉乘不同,修菩萨乘必自发菩提心始。所谓菩提心,《大智度论》(卷四十一)说,是指菩萨誓愿求无上道、誓愿成佛的初始发心。旧译《华严经》(卷五十九)说,菩提心能生一切诸佛法,故为一切诸佛种子。因此,在大乘看来,不发菩提心,就意味着永不能成佛。而要成就菩萨行乃至成佛,不仅仅要求自觉,自求佛道,而且更要觉他,普度众生,所以菩提心一般被认为即上求佛道、下化众生之心。觉悟有情、普度众生的愿力,来自大悲心。菩萨若无大悲心,不可能度尽无尽众生因而也就不可能成佛,因此菩提心与大悲心对于修菩萨行者而言,缺一不可,乃至大悲心可以说是菩提心的基础。所以《大日经》说"菩提心为因,大悲为根本"。另外,菩提心一旦发起,即贯穿菩萨行终始,直至成佛,皆须片刻不离,因此菩提心虽有始发之一刻,但并非仅指初发心。⑩应云何住:应该如何安住菩提心。⑪云何降伏其心:应该如何降服妄心杂念。

【按】

这一分是正宗分的开始。据印度唯识学派实际创始人无著《金刚般若波罗蜜经论》(隋达摩笈多译,《大正藏》第 25 册)所说,本经正宗分可判为三段:一、种性不断,二、发起行相,三、行所住处。这一分讲种性不断和发起行相二段。

本经整部都是详细解说菩萨之般若行,三世诸佛皆由此行而得成就。在启请世尊说法之前,本经当机者须菩提长老先赞叹"如来善护念诸菩萨,善付嘱诸菩萨",这绝非无关宏旨的礼貌客套话,而是深契大乘教旨的谛语。佛教认为,世必有佛,佛不常住,佛种不断。何以能如此呢?原因就在于如来善护念、善付嘱诸菩萨。因此须菩提赞佛善护念、善付嘱菩萨,正是为了揭示菩萨行的根源。这一段旨在表明佛种不断。

佛种之不断,全赖于菩萨行之相续。菩萨从发心直至成佛,所行之般若行,皆以三相为依缘。三相即住相、修行相、降伏相,是为菩萨行之总相。修菩萨行,须先明这三种行相,因此本经明佛种不断之后,紧接着发起行相。须菩提三问,应云何住、应云何修、应云何降伏其心（罗什译本缺第二问，其他诸如玄奘、义净等译本皆三问齐全。我们主要依罗什译本作解，酌情参考其他译本），即对应三相。

般若行或菩萨行的每一次第，都包含上述三相。如下文第三分的发心住处，经云“应如是降伏其心”，即表示住相；云“若菩萨有我相、人相、众生相、寿者相，即非菩萨”，即表示降伏相和修相。之后菩萨行的每一住处皆类此，不再赘述。

大乘正宗分第三

佛告须菩提：“诸菩萨摩诃萨①应如是降伏其心：所有一切众生之类，若卵生、若胎生、若湿生、若化生②，若有色、若无色③，若有想、若无想、若非有想非无想④，我皆令入无余涅槃⑤而灭度之。如是灭度无量无数无边众生，实无众生得灭度者。何以故？须菩提，若菩萨有我相、人相、众生相、寿者相⑥，即非菩萨。”

【注】 ①菩萨摩诃萨：“摩诃萨”是“摩诃萨埵”的略称。“摩诃”意译为“大”，“摩诃萨埵”意译为“大士”或“大众生”，即有作佛之心的众生，是菩萨的通称。“菩萨摩诃萨”是同义互指。这里所谓的菩萨并不是指已完全达到菩萨境界的众生，而是指修菩萨行的一切众生。②卵生、胎生、湿生、化生：此即“四生”，指三界六道有情按出生方式而划分的四种类别。据《俱舍论》（卷八）所说，由卵壳出生者，称为卵生。如鹅、孔雀、鸡、蛇、鱼、蚁等。从母胎而出生者，称为胎生，又作腹生。如人、象、马、牛、猪、羊、驴等。由粪聚、注道、秽厕、腐肉、丛草等润湿地的湿气所产生者，称为湿生，又作因缘生、寒热和合生。如飞蛾、蚊蚰、蠓蚋、麻生虫等。无所依托唯依业力而忽生者，称为化生。如诸天、地狱及劫初众生。以上四生，以化生之众生为最多。此外，“四生”或“四生众类”等语常用来泛指一切有情众生，或作为有情众生的别称。③有色、无色：有色指有物质身体的众生，无色指无物质身体的众生。佛教把有生死轮回的众生或其处所分为三类：欲界、色界和无色界。欲界和色界众生都有

物质身体，不过前者有淫欲、情欲、色欲、食欲等染欲，而后者没有这些染欲，因而境界高于前者。无色界众生不但无上述染欲，而且连物质身体也没有，所以境界又在色界之上。④有想、无想、非有想非无想：此处指依情识的有无而划分的三类众生。有想指具有感觉、认识、意志、思考等意识作用的众生。无想指无感觉、认识、意志、思考等意识作用的众生。非有想非无想则指不但不产生上述意识且连不产生上述意识这种意识都没有的众生。在佛教中，这三类众生一般分别对应着不同的禅定境界。⑤无余涅槃："涅槃"是梵语的音译，意译为灭、寂、寂灭、寂静、灭度等，也译作不生、无为、安乐、解脱、圆寂等，原意是指火的熄灭或风的吹散。"涅槃"原来不是佛教专有术语，印度其他宗教很早就采用此词作为最高的理想境界，但佛教赋予了它新义，因此现在几乎成为佛教特有的名词。佛教各宗对涅槃的解释不完全一样，但基本含义相同，都指灭尽烦恼，脱离生死轮回的苦海，获得彻底解脱。"无余涅槃"与"有余涅槃"相对。"余"又译作"余依"，指作为过去业力招感之果报的肉身。"无余涅槃"是指不但灭尽烦恼，永离轮回，而且连业报肉身也不复存在。⑥我相、人相、众生相、寿者相："我相"，指自我观念，亦即认为有实体性之自我的妄想。"人相"，指认为有轮回六道之生命主体的妄想。"众生相"，指把由色、受、想、行、识五蕴和合而成的生命现象执着为实体的妄想。"寿者相"，指认为有永恒不变的灵魂的妄想。众生对个体身心所执著的这四种妄想，合称"四相"，又作"四见""我人四相""识境四相"。此处"相"也可译为"想"，众生所执著之相皆因妄想而生。四相皆属身见(我见)，破除四相即可破除身见，证得"我空"。

【按】

这一分是"行所住处"的开始，亦即第一住处——"发心住处"。般若行以三相为依，次第前行上进，从而得种种住处。无著释住处，详为十八，略而为六。吕澂以六住处分属于修行次第的地前、入地、地上三段(三"地"皆指"菩萨地")。发心、波罗蜜静、欲得佛身、离障等前四住处属地前，第五净心住处为入地，第六究竟住处为地上。(参见吕澂著：《能断金刚般若经讲要》，载《吕澂佛学论著选集》卷二，齐鲁书社，1991 年版，第 728—766 页)

行所住处以发心为始，是因为只有先发起正心，住、修、降伏三相才有所依，菩萨行才能真正开始。罗什译本说的是诸菩萨摩诃萨"应如是降伏其心"，实际应该说"应如是生心"(现存梵文本及其他译本可见此义)。应该如何生心呢？有两大关键，一是一切众生我皆令入无余涅槃而灭度之，二是虽灭度一切众生，但实则并无众生得灭度。欲令一切众生皆入无余涅槃，有此大悲心才能真正踏上菩萨行之路。不能生起这种普度众生的悲愿，就只能局限于声闻、缘觉二乘的自了汉式的境界。虽灭度一切众生，但应知实无众生得灭度，是因为如果妄想众生为实有，就会产生我相、人相、众生相、寿者相等我见。有我见就不能观照一切法皆空无自性而平等无别，因而就不能平等对待一切众生，也就不能真正令一切众生都得灭度。根据菩萨所发大悲心，若有一个众生没有得度，自己就不能成佛，所行就不是真正的菩萨行，因而也就不是真正的菩萨。

众生为什么可以令入无余涅槃，而不会永远是众生呢？是因为众生并非永恒不变的实有，而是缘起无常无自性的假有。因此如果认为实有众生得无余涅槃，那众生灭度就将成为不可能之事，真正的菩萨行也就不可能存在。

妙行无住分第四

“复次，须菩提，菩萨于法①，应无所住②，行于布施③。所谓不住色布施，不住声、香、味、触、法④布施。须菩提，菩萨应如是布施，不住于相⑤。何以故？若菩萨不住相布施⑥，其福德⑦不可思量。

“须菩提，于意云何？东方虚空⑧，可思量不⑨？”

“不也，释尊。”

“须菩提，南西北方、四维⑩、上下虚空，可思量不？”

“不也，释尊。”

“须菩提，菩萨无住相布施，福德亦复如是不可思量。须菩提，菩萨但应如所教住⑪。”

【注】 ①法：此处指一切事物，不管是物质的还是精神的，有形的还是无形的。②无所住：住意为执著，无所住即无所执著。③布施：音译为“檀那”等，意为以慈悲心给人以福利。大乘视其为“四摄”（“四摄”指布施摄、爱语摄、利行摄、同事摄）之一和“六度”（“度”音译为“波罗蜜”。“六度”指布施度、持戒度、忍辱度、禅定度、精进度、般若度）之一。布施主要有三种：一、财施，即以财物与他人；二、法施，即向人宣说佛法；三、无畏施，即不顾虑自己的安

危去解除他人怖畏。其中法布施功德最大。④色、声、香、味、触、法：合称“六境”，又名“六尘”“六贼”等。色、声、香、味、触、法六境，分别是眼、耳、鼻、舌、身、意六根即六种认知器官所感知的对象，六根与六境对应和合则分别产生眼、耳、鼻、舌、身、意六识。此处“法”特指意根所知的对象，不包括其他五境。⑤相：此处不仅指由妄想而生的六尘之形相，也指由妄想而生的一切形相。⑥不住相布施：即不执著于任何事物的虚妄相而布施。施者、受施者、施物三者都是虚妄而非实有，如此于三轮体空而布施，叫做无相布施。⑦福德：多指过去世及现在世所行的一切善行，及由于一切善行所得的福利。⑧虚空：此处指一切诸法存在的场所、空间。空间一般被视为虚无形质、空无障碍，故谓之虚空。一般认为虚空有周遍、无穷、永恒等特性。此处取其无穷之性。⑨不：此处读作“否”。本经中句末之“不”和句首“不也”之“不”，皆作此读。⑩四维：即“四隅”，指东南、西南、西北、东北四个方向。四隅和东南西北四方合称“八方”，再加上下二方，则为“十方”。⑪住：安住。

【按】

这一分讲第二波罗蜜净住处。菩萨如实发心之后，所行不外四摄六度。但须对任何事相都无所住著，才算真行般若行，方便度众。这部分经文以六度之首布施度为例，说明应无所住著而行菩萨道，实际包括其余五度。所谓不住相布施，即无所住著而布施，不仅仅不住著于六尘，而且对施者本人、受施对象、所施事物乃至对施舍之念头都不住著。若有任何住著而布施，则所得果报仅限于人天之有量福德，根本不能证得无上菩提，不能成就佛道。只有毫无住著的无相布施，才有无量福德，才能成就无上菩提。布施度如是，其余五度亦然。

如理实见分第五

“须菩提，于意云何？可以身相[1]见如来不？”

“不也，释尊。不可以身相得见如来。何以故？如来所说身相，即非身相。”

佛告须菩提：“凡所有相，皆是虚妄。若见诸相非相，则见如来。”

【注】 ①身相：身体的相状。此处指佛的色身相好。

【按】

从这一分开始，直至第八分，讲第三欲得佛身住处。这一分先就佛色身而言。

发菩提心者当如佛所教，无所住而行六度，逐步破除烦恼，证菩提，得佛身。众生烦恼以身见为首，故佛以其色身相好乃至所有相皆为虚妄，来破除众生身见乃至对一切事物都执著为实有的法执。如果以佛色身相好乃至一切事物为实有，就不可能见到如来，亦即不可能证得菩提，成就佛身。只有认识到佛身相乃至所有事物都是虚妄不实，亦即都是假有性空，才能得见如来，亦即得佛身。

为什么佛的身相乃至一切事物都是虚妄不实的假有呢？因为一切事物的相状及事物本身，一切存在，包括佛和涅槃等，都是缘起，亦即因缘和合而生，因缘分散而灭。凡是缘起的事物，都不存在永恒不变的自性或实体作为其存在的最终根基，因此而说一切缘起的事物都是性空，都是假有，都不是实有，亦即虚妄不实。这就是所谓的“缘起性空”。说缘起的事物为性空即是说其乃假有。反之亦然，说缘起的事物乃假有即是说其为性空。这里所谓的假或虚妄不实，不是平常所说的假钞、假货、假话等意义上的虚假，而是从事物是缘起亦即没有永恒不变的自性或实体作为其存在的最终根基这种特殊的理论观点而说的。从缘起这种特殊的理论来说，即使是真钞、真货、真话，也是虚妄不实的，也是假有性空，因为这些东西也是缘起的。事物缘起而生，缘离而灭，此生故彼生，此有故彼有，此灭故彼灭，此无故彼无，这种理论佛教称之为“缘起法”。

所谓成佛，就是如实亲证这一缘起法。佛身即法身——即以此缘起法为身，别无他身。所以见缘起法即见佛。而见缘起法，就能见佛的色身相好乃至一切事物的相状都是虚妄不实，所以经说“若见诸相非相，则见如来”。所谓“诸相非相”，是说一切事物的相状都不是具有永恒不变的自性或实体的实有之相状，而是无自性或无实体的虚妄不实之相状。

佛教认为，一切色即物质性的存在都是地、水、火、风四大和合而成，每一个人都是由色、受、想、行、识五蕴集聚而成。如来的色身相好是由何因缘而成呢？如来身相美好的缘由，一是由于其功德圆满，具备自在变化的如意神通；二是根据度化众生的需要，为了引起众生敬信仰慕佛法而方便示现种种相好。既然如来色身相好也是如此随缘而现，就也不是实有，而是无自性或无实体的假有，这就是经所说的“如来所说身相，即非身相”的真实含义。既然如来身相即非实有的身相，而是缘起无自性的、虚妄不实的假有性空，所以经云“不可以身相得见如来”。

正信希有分第六

须菩提白佛言：“释尊，颇有众生，得闻如是言说章句，生实信[①]不？”

佛告须菩提：“莫作是说。如来灭后，后五百岁[②]，有持戒修福者，于此章句能生信心，以此为实。当知是人，不于一佛、二佛、三、四、五佛而种善根[③]，已于无量千万佛所种诸善根。闻是章句，乃至一念生净信[④]者，须菩提，如来悉知悉见，是诸众生得如是无量福德。

“何以故？是诸众生，无复我相、人相、众生相、寿者相，无法相[⑤]，亦无非法相。何以故？是诸众生，若心取相，则为著我、人、众生、寿者。若取法相，即著我、人、众生、寿者。何以故？若取非法相，即著我、人、众生、寿者。是故不应取法，不应取非法。以是义故，如来常说：'汝等比丘，知我说法，如筏喻⑥者，法尚应舍，何况非法。'"

【注】 ①实信：真实的信心。只有与般若智慧相应的信心，才能称之为实信。②后五百岁：《大方等大集经》(卷五十五)提出"五五百年"之说，把佛灭后佛法盛衰的状态，以五百年为一时期，划出五个时期。佛灭后第一个五百年名为"解脱坚固"，又称"学慧坚固"；这时期智慧高、证解脱果的人多，故名。第二个五百年名为"禅定坚固"，又称"学定坚固"，修定的人多，故名。第三个五百年名为"多闻坚固"，修学多闻读诵的人多，故名。第四个五百年名为"塔寺坚固"，时人多修造建塔寺的善根，故名。第五个五百年名为"斗诤坚固"，佛法隐没，是非论争多，故名。又有以第一、二个五百年指正法时期，第三、四个五百年指像法时期，第五个五百年指末法初期，末法共一万年。此处"后五百岁"一般认为指末法时期。后文第十四分中的"后五百岁"同此。③善根：梵文之意译，又译作"善本""德本"。即产生诸善法的根本。无贪、无嗔、无痴三者为善根之体，合称为"三善根"。贪、嗔、痴则称三不善根，又称"三毒"。又善法为得善果之根本，故亦可称为善根。④净信：清净的信心。⑤法相：有三义，一指因妄执一切事物为实有而起的相状，二指妄执蕴、处、界三科之法为实有而起的相状，三指一切事物的真如、实相。此处当指第二义。我们此处把"法相"作"法想"解。事实上唐义净译本即译作"法想"。若作此译，则不具第三义。⑥筏喻：若已乘筏渡河，就应当舍筏而行，而不应再携带筏前行。佛的教法如筏，若已乘法达至涅槃彼岸，就应当像舍弃渡筏一样舍弃任何佛法。这就是所谓的"筏喻"。这个比喻出自《中阿含·大品阿梨吒经》，也见《增一阿含经·马血天子品》第五经。

【按】

这一分就言说法身而言欲得佛身住处。

佛如上所宣示的无上般若法，在末法时期，是否还有人能如实相信？佛陀告诉须菩提，凡是持戒、修福、修慧者，都能生起实信，因为他们在过去无量佛所广植善根，为佛所悉知悉见，护念不忘。菩萨对佛所说法能起净信，如法修行，就能得无量福德。小乘不能像菩萨行者那样得无量福德，因为小乘仅能除人我执，而依然妄执蕴、处、界诸法为实有。而菩萨不仅完全破除人我执，而且还能进一步去除法我执，不妄执蕴、处、界诸法为实有，亦即所谓"无法相"(即"无法想"，本篇以"想"解"相")。菩萨不仅能无法想，还能更进一步"无非法想"。

为什么连“非法想”也必须无呢？因为“法想”与“非法想”乃相待而成，有“非法想”就必有“法想”。如想五蕴是非法，那就须先想到五蕴，然后想五蕴是非法。因此非法想也不能有，否则就必有法想。有法想即是法我执，而法我执与人我执也是相待而成，我与我所相待而成，有我所想就必然有我想，有法我执就说明人我执尚未完全消除，所以经云“若取法相，即著我、人、众生、寿者。若取非法相，即著我、人、众生、寿者”。

既然法想、非法想都不可取，所以对佛所说的一切教法，都应当像渡河之筏那样，既渡之后就不应再执著，而须舍弃。佛说一切法都是方便，都是为了涅槃解脱，已达涅槃彼岸，一切法都不应再执著，这才是彻底的无所住的般若精神。经中所云“法尚应舍，何况非法”出自《大品阿梨吒经》，在那里“法”是指佛陀所教的善法，“非法”是指佛教所反对的不善法。在本段中，“法”“非法”可对应前文，分别视为“法想”和“非法想”。

无得无说分第七

“须菩提，于意云何？如来得阿耨多罗三藐三菩提耶？如来有所说法耶？”

须菩提言：“如我解佛所说义，无有定法①名阿耨多罗三藐三菩提。亦无有定法如来可说。何以故？如来所说法，皆不可取②、不可说、非法、非非法。所以者何？一切贤圣，皆以无为法③而有差别。”

【注】 ①定法：指固定不变的实有之物。②取：执著。③无为法：又称“无为”，与“有为法”相对。部派佛教指非由因缘造作、离生灭变法而绝对常住的事物，大乘佛教指有为法的实相。有为法毕竟空之实相即是无为法。

【按】

这一分就无上菩提智为自性之证得法身说欲得佛身住。

前说菩萨如教如法修行，众生必以为佛必实有所得，实有所说。但须菩提深契佛意，知道所谓有所得证、有所说法都是就世俗谛而言，就真谛或第一义谛而言，如来既非实有果所证，亦非实有法所说。因为一切离恶修善的贤人和彻底悟道的圣人，都不过是证悟无为法的表现，只是因证悟深浅之差别而表现有不同而已。无为法非任何因缘造作，亦非道所生，有佛无佛，法尔常住，根本就没有任何可得之果、可说之法。

依法出生分第八

“须菩提，于意云何？若人满三千大千世界[①]七宝[②]，以用布施，是人所得福德，宁为多不？”

须菩提言：“甚多，释尊。何以故？是福德即非福德性，是故如来说福德多。”

“若复有人，于此经中受持，乃至四句偈[③]等，为他人说，其福胜彼。何以故？须菩提，一切诸佛，及诸佛阿耨多罗三藐三菩提法，皆从此经出。须菩提，所谓佛法者，即非佛法。”

【注】 ①三千大千世界：古代印度人的宇宙观。又称“一大三千大千世界”“一大三千世界”“三千世界”，指由一千个小世界、一个小千世界、一个中千世界等三种“千世界”组成的世界。古代印度世界观把以须弥山为中心、以铁围山为外围，包括四大洲及九山八海这样的一个世界称为一“小世界”。合一千个“小世界”为一“小千世界”，合一千个小千世界为一“中千世界”，合一千个中千世界为一“大千世界”，此大千世界因由千小、一个小千、一个中千等三种千世界所合成，故称“三千大千世界”。不能误解为是指三千个大千世界。佛典中说三千世界是一佛所教化的领域，所以又称一佛国。②七宝：七种珍宝，又称“七珍”。各经、论所说稍有差别。《般若经》以金、银、琉璃、砗磲、玛瑙、虎珀、珊瑚为七宝。本经属般若类经典，所说七宝应该类此。③四句偈：指代本经所说的无上甚深教法。偈，又称“颂”“偈颂”，音译为“伽陀”等。佛经中通常指由特定音节数（梵语音节）和句数组成的韵文。有人认为此处所谓“四句偈”有具体所指，但历代注家所说不一。我们认为是指代本经所说的无上甚深教法。印顺法师认为是指代很少的经文。

【按】

这一分就福德为自性之证得法身说欲得佛身住处。

若以三千大千世界所有七宝做财施，其福德即使再多，也不如为他人言说本经无上般若法这种法施所得之福德多。因为般若为诸佛之母，“一切诸佛及诸佛阿耨多罗三藐三菩提法，皆从此经出”。为众生布施本经所说无上般若法，则佛佛相生，展转无穷，当然福德无量，无可比拟。而在般若智慧观照之下，一切法乃至佛法皆性空非实有，因此“所谓佛法者，即非佛法”。此处佛法指佛与佛所证得之法，后佛生生不已，与前文“一切诸佛及诸佛阿耨多罗三藐三菩提法”相对应。若妄执佛法与福德皆为实有，则不得般若智，也就永不能得解脱。

一相无相分第九

“须菩提，于意云何？须陀洹[①]能作是念，‘我得须陀洹果’不？”

须菩提言：“不也，世尊。何以故？须陀洹名为入流，而无所入，不入色、声、香、味、触、法，是名须陀洹。”

“须菩提，于意云何？斯陀含[①]能作是念，‘我得斯陀含果’不？”

须菩提言：“不也，世尊。何以故？斯陀含名一往来，而实无往来，是名斯陀含。”

“须菩提，于意云何？阿那含[①]能作是念，‘我得阿那含果’不？”

须菩提言：“不也，世尊。何以故？阿那含名为不来，而实无不来，是故名阿那含。”

“须菩提，于意云何？阿罗汉[①]能作是念，‘我得阿罗汉道’不？”

须菩提言：“不也，世尊。何以故？实无有法名阿罗汉。世尊，若阿罗汉作是念，‘我得阿罗汉道’，即著我、人、众生、寿者。世尊，佛说我得无诤三昧[②]，人中最为第一，是第一离欲阿罗汉。世尊，我不作是念，我是离欲阿罗汉。世尊，我若作是念，‘我得阿罗汉道’，世尊则不说须菩提是乐阿兰那行[3]者。以须菩提实无所行，而名须菩提是乐阿兰那行。”

【注】 ①须陀洹、斯陀含、阿那含、阿罗汉：依次为声闻四果位之第一、第二、第三、第四果位。须陀洹（*huán*），意译为“入流”“预流”等。达此果位者，不会再于生死之流中随波逐流，而是逆流而上，脱离凡夫境界，预入圣者之流，所以称为“逆流”“入流”“预流”等。斯陀含，意译为“一来”“一往来”。达此果位者，来世只需再到人间受生一次，便可达到究竟涅槃，所以称为“一来”等。阿那含，意译为“不来”“不还”等。达此果位者，未来生于色界、无色界，无需再来欲界受生死，所以称为“不来”等。阿罗汉，意译为“应供”“应真”等。达此果位者，断尽三界所有见、思惑，亦即杀尽一切烦恼贼，故名“杀贼”；彻底解脱，不再有生死轮回，故名“不生”；应该受到天上人间的供养，为世间作大福田，故名“应供”。此果位是声闻乘的最高果位，无需再进一步修学，故又称“无学位”。阿罗汉也可以用来称呼独觉位和佛位，是佛的十种称号之一。②无诤三昧：安住于空理与物无诤的禅定。能悟诸法空无自性，就能既不自恼众生，也不令众生起烦恼。“三昧”，梵文音译，还有“三摩提”“三摩地”等音译名，意译为“正定”等。指心定于一处的禅定状态。心入三昧时，起正智慧，进而与所观境冥合，分明了知，而悟得真理。③阿兰那行：“阿兰那”，梵文音译，还有“阿兰若”“阿练若”“兰若”等音译名。其字面意思为“森林”“旷野”，意译为“寂静处”“空闲处”“远离处”“无诤处”等，指远离喧嚣、适合于修行者静修的清静之处。“阿兰那行”指远离城乡的喧嚣在清静处修行。

【按】

从这一分开始直至第十七分的前两段，讲第五离障住处。修行者欲得佛身，须对治、尽除十二种障，才能入第五净心住处。这一分先讲离第一慢障。

菩萨修行至此，首先应该对治的就是作为诸障根本的慢障，即妄执已得境界为实有的增上慢，这是菩萨行的大障碍。须菩提因善解空，得无诤第一，乃以声闻诸果及自身为例，表明实无所行，实无果可得。如果以为实有果可得而起贡高我慢，就不是真正的乐阿兰那行者。

庄严净土分第十

佛告须菩提："于意云何？如来昔在然灯佛[①]所，于法有所得不？"

"世尊，如来在然灯佛所，于法实无所得。"

"须菩提，于意云何？菩萨庄严佛土[②]不？"

"不也，世尊。何以故？庄严佛土者，即非庄严，是名庄严。"

"是故须菩提，诸菩萨摩诃萨应如是生清净心[③]，不应住色生心，不应住声、香、味、触、法生心，应无所住而生其心。

"须菩提，譬如有人，身如须弥山王[④]，于意云何，是身为大不？"

须菩提言："甚大，世尊。何以故？佛说非身，是名大身。"

【注】 ①然灯佛：又作"燃灯佛""普光佛""锭光佛"，音译为"提和竭罗""提洹竭"等。是过去佛，他为过去世修菩萨行的释迦授记，说他未来世当在娑婆世界得道成佛，号释迦牟尼。②庄严佛土：以善、美装饰严净佛所教化之国土。③清净心：指无疑的信心和无烦恼的净心。此处乃承上文庄严佛土而言，欲庄严佛土，就必须生起清净心。④须弥山王："须弥山"，梵文音译，意译为"妙高山"等。此山是印度神话中处于世界中心的最高山，因为高出众山，所以称为"须弥山王"。在佛教宇宙观中，此山为一"小世界"的中心，山形上下皆大，中央独小，四王天居山腰四面，忉利天居山顶，是帝释天居处。

【按】

这一分接着讲离第二少闻障、第三小缘作意障、第四舍众生障。

虽知克除慢障，但如果孤陋寡闻，自以为是，慢根就难以尽除。修菩萨行者还要多闻善法。但如果多闻却又自以为实有所得，那就不是多闻，因为妄执法为实有，于法有执取。"如来在然灯佛所，于法实无所得"，故能成就多闻。

虽于法无所得而成就多闻，但如果自足于一己之多闻，也足以成为修行的障碍。欲成就庄严佛土，就必须生起清净心，心净则国土净。所谓心净，即"无所住而生其心”，也就是不住著于任何事而生心，连庄严佛土之心也不能执著，连生心也不住著。能无住生心，则无法不成。禅宗南宗创始人、六祖惠（亦作“慧”）能当初一听到“无所住而生其心”这句即明心顿悟。

无得多闻、无住生心者切忌自利，否则仍为菩萨行之大障。佛说纵有如须弥山王之大身，也是非身，因为任何大身皆空无自性。菩萨为众生而受身，正是因为其大非为其私而有，所以才名为大身。如果以大身高高自大，脱离众生，就不是真正的大身。

“庄严佛土者，即非庄严，是名庄严。”这是本经对性空假有这一般若核心思想的典型表达方法。类似的表达在经中多处可见，如“如来说第一波罗蜜，即非第一波罗蜜，是名第一波罗蜜”等。这种表达可以形式化为：

A 非 A，是名 A。

A 指代任何事物。“A 非 A”就是说任何事物都无自性，都不是实有之物。“是名 A”是说任何事物都是假名，亦即虚妄不实的假有。如前所述，佛教认为任何事物都是缘起，缘起性空，诸法无我，亦即无自性。无自性的缘起之物并非实有，但也并非完全不存在，而是作为假名或假有而存在。我们不能连假有的存在都一并否认，否则就堕入顽空或恶趣空。因此“是名 A”的重要性在表达中绝对不能忽视。这就是佛经中“A 非 A，是名 A”这一经典表达式的主要内含。

无为福胜分第十一

“须菩提，如恒河中所有沙数，如是沙等恒河，于意云何？是诸恒河沙，宁为多不？”

须菩提言：“甚多，世尊。但诸恒河尚多无数，何况其沙。”

“须菩提，我今实言告汝：若有善男子、善女人，以七宝满尔所恒河沙数[①]三千大千世界，以用布施，得福多不？”

须菩提言："甚多，世尊。"

佛告须菩提："若善男子、善女人，于此经中，乃至受持四句偈等，为他人说，而此福德胜前福德。"

【注】①恒河沙数：印度成语，形容数量极多，无法计算。恒河，又作恒迦河、恒伽河等，意为"由天堂而来"，为印度三大河流之一。佛教兴起之后，恒河两岸是佛陀及弟子游化的重要区域。恒河是印度的圣河。

【按】

这一分和第十二分，讲第五离随顺外论散乱障。

恒河沙宝布施，所得之福，都不如受持乃至为众生宣说本经所得之福。因为本经所说般若法，能令众生生起清净心，胜过世间一切福德。因此对于一切佛道之外的外学，都应当远离。

尊重正教分第十二

"复次，须菩提，随说是经，乃至四句偈等，当知此处，一切世间[1]天、人、阿修罗[2]，皆应供养[3]，如佛塔庙[4]，何况有人尽能受持读诵。须菩提，当知是人成就最上第一希有之法[5]。若是经典所在之处，则为有佛，若尊重弟子。"

【注】①世间：泛指迁流变化的现象世界。"世"有迁流、破坏、覆真等义。"间"有中、间隔之义，因此堕于世中的事物，谓之世间；世上事物，各有间隔界限，谓之世间，此与所谓"世界"相同。世间一般分二种：一有情世间，指六道众生。二器世间，指众生生存之所，如山河大地。②天、人、阿修罗：在六道中合称为"三善道"。"天"，指六道之中业报最殊胜的众生，或指其所居住的世界。其快活相当于中国文化中所谓的神仙，但不像中国的神仙那样长生不老。天最终还会衰坏，难脱生死轮回之苦。"人"，在六道中人身最为难得可贵，最适宜修行，因为不像"天"那样过于安乐而懈于修行。"阿修罗"，意译为"非天"等。嗔慢心

重,丑陋好斗。"五道"不列阿修罗。③供养:又称"供施""供给",或略称"供"。供给资养之意,指以财物、言行等供给扶持佛法僧三宝以及父母、师长、亡者等。由于供养物的种类及供养的方法、对象有别,故经论中所说的供养也有种种不同。按照供物类别,最基本的分法是二供养:财供养和法供养。前者指以财物供养,后者指依佛所说的教法,如实奉行,起菩提心,行二利行。④塔庙:这个词被用来翻译两个梵文词:caitya 和 stūpa。此处对应的梵文是 caitya,音译为"支提"。此词所指后来与 stūpa(音译为"窣堵波""浮图"等)所指经常混淆。"窣堵波"原指为安置佛陀舍利等物、以砖等建造的建筑物,供信徒瞻仰。有无佛陀舍利是窣堵波与支提的区别。凡有佛陀舍利者,称为窣堵波,无佛陀舍利者,称为支提。⑤最上第一希有之法:指无上菩提,亦即阿耨多罗三藐三菩提。

【按】

这一分继续讲离第五随顺外论散乱障。既然随说本经乃至四句偈之处,都像佛塔一样应受供养,且本经所在之处,就如同佛和佛之尊贵弟子亲临,那世间一切名利恭敬都相形见绌,应该远离,而永远坚守甚深佛法。

佛、法、僧为佛教三宝。佛经为法之宝藏,此处讲见是经如见佛,表明法即是佛之法身,法在即佛在。

如法受持分第十三

尔时,须菩提白佛言:"世尊,当何名此经?我等云何奉持?"

佛告须菩提:"是经名为《金刚般若波罗蜜》,以是名字,汝当奉持。所以者何?须菩提,佛说般若波罗蜜,即非般若波罗蜜,是名般若波罗蜜。须菩提,于意云何?如来有所说法不?"

须菩提白佛言:"世尊,如来无所说。"

"须菩提,于意云何?三千大千世界所有微尘,是为多不?"

须菩提言:"甚多,世尊。"

"须菩提，诸微尘，如来说非微尘，是名微尘。如来说世界，非世界，是名世界。

"须菩提，于意云何？可以三十二相[①]见如来不？"

"不也，世尊。不可以三十二相得见如来。何以故？如来说三十二相，即是非相，是名三十二相。"

"须菩提，若有善男子、善女人，以恒河沙等身命布施；若复有人，于此经中，乃至受持四句偈等，为他人说，其福甚多。"

【注】 ①三十二相：是转轮圣王及佛之应化身所具足的三十二种殊胜容貌与微妙形相。又作"三十二大人相""三十二大丈夫相""三十二大士相""大人三十二相"。略称"大人相""四八相""大士相""大丈夫相"等。三十二相，行百善乃得一妙相，称为"百福庄严"。与"八十种好"（微细隐密者）合称"相好"。关于三十二相的名称与顺序，各有异说。《大智度论》（卷四）所说如下：（1）足下安平立相，（2）足下二轮相，（3）长指相，（4）足跟广平相，（5）手足指缦网相，（6）手足柔软相，（7）足趺高满相，（8）伊泥延腨相，（9）正立手摩膝相，（10）阴藏相，（11）身广长等相，（12）毛上向相，（13）一一孔一毛生相，（14）金色相，（15）丈光相，（16）细薄皮相，（17）七处隆满相，（18）两腋下隆满相，（19）上身如师子相，（20）直身相，（21）肩圆好相，（22）四十齿相，（23）齿齐相，（24）牙白相，（25）师子颊相，（26）味中得上味相，（27）广长舌相，（28）梵声相，（29）真青眼相，（30）牛眼睫相，（31）顶髻相，（32）白毛相。

【按】

这一分讲离第六影像相中无巧便障和离第七缺福资粮障。上分既离散乱，与定相应，更应进一步破除对法、世界、佛之执著，明白它们都是影像，亦即都是所攀缘之境，随心而变，并非实有，只是假名施设，亦即假有而已。如此才能方便化众。如来无法可说，因为法非实有，亦非佛所创，乃由佛随机所说而显现。般若波罗蜜并非实有，只是假名。知法为假名，则奉持《金刚般若蜜》这一经名便有功德。微尘、世界也都不是实有，都是因缘和合而起，是佛为化众所需而安立的假名。

不以三十二相见如来，因为三十二相不过是随顺众生需要而示现，都是假名，佛之为佛，在法性而不在色法。不以相见如来，而是常见法身，才能集聚无边福德。

要离这二障，还需精进，故下分讲离懈怠。

离相寂灭分第十四

尔时，须菩提闻说是经，深解义趣，涕泪悲泣，而白佛言："希有，世尊。佛说如是甚深经典，我从昔来所得慧眼[①]，未曾得闻如是之经。世尊，若复有人得闻是经，信心清净，则生实相[②]，当知是人成就第一希有功德。世尊，是实相者，即是非相，是故如来说名实相。世尊，我今得闻如是经典，信解受持不足为难，若当来世，后五百岁，其有众生得闻是经，信解受持，是人则为第一希有。何以故？此人无我相、人相、众生相、寿者相。所以者何？我相即是非相，人相、众生相、寿者相即是非相。何以故？离一切诸相，则名诸佛。"

佛告须菩提："如是，如是！若复有人得闻是经，不惊、不怖、不畏，当知是人，甚为希有。何以故？须菩提，如来说第一波罗蜜[③]，即非第一波罗蜜，是名第一波罗蜜。

"须菩提，忍辱波罗蜜[④]，如来说非忍辱波罗蜜。何以故？须菩提，如我昔为歌利王割截身体[⑤]，我于尔时，无我相、无人相、无众生相、无寿者相。何以故？我于往昔节节支解时，若有我相、人相、众生相、寿者相，应生瞋恨[⑥]。须菩提，又念过去，于五百世作忍辱仙人，于尔所世，无我相、无人相、无众生相、无寿者相。

"是故须菩提，菩萨应离一切相，发阿耨多罗三藐三菩提心，不应住色生心，不应住声、香、味、触、法生心，应生无所住心[⑦]。若心有住，则为非住。是故佛说'菩萨心不应住色布施'。须菩提，菩萨为利益一切众生，应如是布施。如来说'一切诸相，即是非相'，又说'一切众生，即非众生'。须菩提，如来是真语者、实语者、如语[⑧]者、不诳语者、不异语[⑨]者。

"须菩提，如来所得法，此法无实无虚。须菩提，若菩萨心住于法而行布施，如人入暗，则无所见；若菩萨心不住法而行布施，如人有目，日光明照，见种种色。

"须菩提，当来之世，若有善男子、善女人，能于此经受持读诵，则为如来以佛智慧，悉知是人，悉见是人，皆得成就无量无边功德。"

【注】 ①慧眼：五眼之一，慧能观照，故名眼。此眼了知诸法性空，平等一味。②实相：一切诸法的真实体相。又名"诸法实相"。实谓真实不虚，相谓事物的本性或相状。般若经中的实相，含有空之义。③第一波罗蜜：指般若波罗蜜。"波罗蜜"意译为到彼岸、度等。般若即慧，般若波罗蜜即慧度。般若波罗蜜为六度之根本，又称"诸佛之母"，故称第一波罗蜜。④忍辱波罗蜜：六度之一，意译为"忍辱度"，指心能安住正理而堪忍侮辱或恼害。"忍辱"音译为"羼提"。⑤我昔为歌利王割截身体：佛陀于过去世为忍辱仙人时，歌利王恶逆无道。有一天，王率宫人出游，遇忍辱仙人于树下坐禅。随侍宫女舍王而至忍辱仙人处听法，王不禁生起恶心，割截仙人之肢体。仙人一直忍受着凌辱，毫无嗔恨，而且还答应成佛之后首先度化歌利王。这是修忍辱行的著名例子，很多佛典都有记载。⑥瞋恨：与贪、痴合称"三毒"，再加上疑、慢、恶见，即成六大根本烦恼。指厌恶、憎恨、恼怒的心理，是修行的大障碍，任何功德都能毁于瞋心，所谓"瞋火能烧功德之林"。⑦无所住心：无任何住著之心。既不住著于任何事物，也不住著于空，连无住著之心也不住著。"若心有住，则为非住"，即若有住著心，则不能安住于菩提心。⑧如语：如实之语。⑨异语：异于实相之语。

【按】

上一分的最后一段至这一分的"是名第一波罗蜜"，讲离第八耽于懈怠利养障。能以恒沙身命做无畏布施，菩萨能如此舍身为众生，则一切懈怠之心皆可去除，一切贪图利养之心皆可荡然无存。以恒沙身命布施，福德固然远胜以恒沙七宝布施，但若认为实有福德，则不如受持本经一偈为他人宣说之福德。佛说若有人得闻此经而不惊恐怖畏，乃第一希有。因为如此方可坚定修行，精进不已。

从"须菩提，忍辱波罗蜜"至"日光明照，见种种色"，讲离第九不能忍苦障。远离懈怠和破除对利养的贪图虽可精进，但若不能忍耐诸苦，安忍凌辱，还是难行般若行，利乐有情，普度众生。所谓忍辱波罗蜜，并非实有其辱可忍，也不过是名假而已。闻是经而得般若智慧者，能了诸相非相，一切事物的实相、本性，都非真正实有，都是缘起性空，都是假有。一切法既非实有而是假名，所谓苦和辱都不是实有，受苦受辱者也不是实有，都是缘起幻有，瞋恨由何而起呢？能这样生起诸法性空的法忍和诸法皆缘起而实无所生的无生法忍，所谓的忍辱，就不再是世间胆小懦弱之辈的忍气吞声、任人凌辱，而是大悲大智大勇、利益众生的菩萨行。

离一切虚妄之相而安住菩提心，随顺如来教法起实信、净信而又不住著诸法，就能真正布施，随众生所需而布施。

持经功德分第十五

"须菩提，若有善男子、善女人，初日分①以恒河沙等身布施，中日分①复以恒河沙等身布施，后日分①亦以恒河沙等身布施，如是无量百千万亿劫②以身布施；若复有人闻此经典，信心不逆，其福胜彼，何况书写、受持、读诵、为人解说。

"须菩提，以要言之，是经有不可思议、不可称量、无边功德，如来为发大乘③者说，为发最上乘③者说。若有人能受持读诵，广为人说，如来悉知是人，悉见是人，皆得成就不可量、不可称、无有边、不可思议功德。如是人等，则为荷担如来阿耨多罗三藐三菩提。何以故？须菩提，若乐小法④者，著我见、人见、众生见、寿者见，则于此经，不能听受读诵，为人解说。

"须菩提，在在处处，若有此经，一切世间天、人、阿修罗，所应供养；当知此处则为是塔，皆应恭敬作礼围绕，以诸华香而散其处。"

【注】 ①初日分、中日分、后日分：古印度把一天分为六时，昼夜各三时，每时约今所谓四小时。初日分相当于早上 6 点至上午 10 点，中日分相当于上午 10 点至下午 14 点，后日分相当于下午 14 点至 18 点。②劫：又音译为"劫波"等。古代印度的时间单位。佛教指极长的时间。佛教把世界的一个总过程分为成、住、坏、空四劫，合称为一大劫。四劫又称为四中劫，每一个中劫各有二十个小劫，每小劫各有一增、减劫。一减劫时长为人寿从八万岁减至十岁，一增劫时长为人寿从十岁增至八万岁。坏劫时，器世间坏，有火、水、风等三灾。

③发大乘、发最上乘：发大乘即是发最上乘，二者在此处并无区别，这样说只是为了突出强调。大乘，音译为“摩诃衍”“摩诃衍那”。“乘”指交通工具，比喻佛法是度人过生死苦海至涅槃解脱彼岸的工具。大乘相对于小乘而言，一般指比小乘更殊胜的佛法。④小法：指不接受大乘般若法的小乘法。按照大乘法的教义，修小乘法者只能自了自度，不能度人，因此也就不能成佛。但实际上很多所谓小乘的修行法，是一切佛法共同的基础法门，只要发菩提心，这些基础法门就无所谓小乘法。

【按】

从上分最后一段“须菩提，当来之世，若有善男子善女人”至这一分和下一分，都是讲离第十缺智资粮障。

要得无生法忍，需要般若智慧。智慧资粮的积集，需要随顺佛之教法，得五种功德。与佛说相应，得佛护念，所行佛悉知悉见，这是第一如来意念亲近功德。有福然后有智，无量劫以身布施，不如闻此经典笃信不疑，为人解说。这是第二积累福德功德。此经功德不可思议称量，只为发最上乘之人宣说，乐小法、只顾自利之人根本无法听闻、持诵和为人解说此经，因而不能积累不可思议称量功德。这是第三赞法修行功德。凡经所在之处，一切世间天人等，都恭敬供养，尊如佛塔。这是第四供养功德。

能净业障分第十六

“复次，须菩提，善男子、善女人受持读诵此经，若为人轻贱，是人先世罪业[①]，应堕恶道[②]，以今世人轻贱故，先世罪业则为消灭，当得阿耨多罗三藐三菩提。

“须菩提，我念过去无量无边阿僧祇[③]劫，于然灯佛前，得值八百四千万亿那由他[④]诸佛，悉皆供养承事，无空过者；若复有人，于后末世，能受持读诵此经，所得功德，于我所供养诸佛功德，百分不及一，千万亿分乃至算、数、譬喻所不能及[5]。

“须菩提，若善男子、善女人，于后末世，有受持读诵此经，所得功德，我若具说者，或有人闻，心则狂乱，狐疑不信。须菩提，当知是经义不可思议，果报[6]亦不可思议。”

【注】 ①罪业：指身、口、意三业所造之罪，是感招未来苦果之因。②恶道：亦称“恶趣”，指顺恶行而趣向的道途。六道中指地狱、饿鬼、畜生三道。③阿僧祇：印度数目字之一。表极大或不可数之数。意译为“无数”或“无央数”。④那由他：印度数目字之一。相当于亿，但古时所谓亿并非今天所说的万万，而是指十万、百万、千万三种。⑤千万亿分乃至算、数、譬喻所不能及：“千万亿份”可以理解为不及千万亿份之一。“算、数、譬喻所不能及”是说所有计算、数量、譬喻都无法形容。⑥果报：指由过去业因所招感的结果。又作“异熟”“果熟”“报果”“应报”“异熟果”等。严格来说，果与报的意义有所差别。凡由同类因而生的等流果，称为果；凡由异熟因而生的异熟果，称为报。

【按】

上分讲持诵并为人说此经可得不可思议称量功德，但若持诵此经而遭人轻贱，这不但并非损失，反而是对过去所造恶业的消灭，可以加速得无上菩提。这是第五灭罪功德。修得上五种功德，就是积集智资粮行而远离缺乏智资粮障。佛在此反复强调，在末法时期，如有人持诵此经，功德不可计量，不可思议，果报不可思议，因为按此经修行，方可真正利益有情，普度众生，且知并非实有众生可度，亦非实有功德，亦非实有佛，一切都是灭烦恼、离苦海的假名施设，方便教化。

究竟无我分第十七

尔时，须菩提白佛言：“世尊，善男子、善女人发阿耨多罗三藐三菩提心，云何应住？云何降伏其心？”

佛告须菩提：“善男子、善女人发阿耨多罗三藐三菩提者，当生如是心，我应灭度一切众生，灭度一切众生已，而无有一众生实灭度者。何以故？须菩提，若菩萨有我相、人相、众生相、寿者相，则非菩萨。所以者何？须菩提，实无有法发阿耨多罗三藐三菩提者。

"须菩提，于意云何？如来于然灯佛所，有法得阿耨多罗三藐三菩提不？"

"不也，世尊。如我解佛所说义，佛于然灯佛所，无有法得阿耨多罗三藐三菩提。"

佛言："如是，如是。须菩提，实无有法如来得阿耨多罗三藐三菩提。须菩提，若有法得阿耨多罗三藐三菩提者，然灯佛则不与我授记①：'汝于来世，当得作佛，号释迦牟尼②。'以实无有法得阿耨多罗三藐三菩提，是故然灯佛与我授记，作是言'汝于来世，当得作佛，号释迦牟尼'。何以故？如来者，即诸法如义。若有人言如来得阿耨多罗三藐三菩提，须菩提，实无有法，佛得阿耨多罗三藐三菩提。须菩提，如来所得阿耨多罗三藐三菩提，于是中无实无虚。是故如来说一切法皆是佛法。

"须菩提，所言一切法者，即非一切法，是故名一切法。须菩提，譬如人身长大。"

须菩提言："世尊，如来说人身长大，则为非大身，是名大身。"

"须菩提，菩萨亦如是。若作是言'我当灭度无量众生'，则不名菩萨。何以故？须菩提，实无有法，名为菩萨。是故佛说一切法无我、无人、无众生、无寿者。

"须菩提，若菩萨作是言'我当庄严佛土'，是不名菩萨。何以故？如来说庄严佛土者，即非庄严，是名庄严。须菩提，若菩萨通达无我③法者，如来说名真是菩萨。"

【注】 ①授记：此处指，佛对发大心的众生预言，将在何时、何处成何佛，如然灯佛授记释迦将在娑婆世界成释迦牟尼佛。②释迦牟尼：佛教创始人。本名悉达多，意为"义成就者"，姓乔答摩(瞿昙)。出生于北印度的迦毗罗卫城(今尼泊尔南境)东的蓝毗尼园。其生卒年月多达60种说法。我国学者吕澂认为释迦生于公元前565年，灭于公元前486。我国以及日本、印度很多学者都采用这一说法。因为其父乃释迦族人，故其成道后被尊称为"释迦牟尼"，意为"释迦族的圣人"。这是佛的众多名号之一。③无我：即无常一主宰之实体，

亦即无自性。包括人无我和法无我。人身为五蕴之假和合,无常一主宰之实体,是谓人无我。一切法皆因缘而生,无常一主宰之实体,是谓法无我。有为法、无为法都无自性,是谓“诸法无我”。证得诸法无我,即证得诸法性空。

【按】

这一分包括如下内容:第四离障碍住处的离最后二障——离第十一证道时喜动障和十二不成就教授障,第五净心住处,第六究竟住处之初佛土清净圆满。

前已离十种障,临近证道时,难免自得而欢喜散动,这实际是内心深处微细我慢的表现。须菩提所问与第二、三分相同,但其意不同。前文意在生起胜解,临证再问,旨在穷究所证是否实有。佛答实无有法发阿耨多罗三藐三菩提。因为修行者在前胜解时虽无住生心,但无意中仍有求得无上菩提之我执,微细我慢潜伏而不自知,因此尚未究竟远离诸障。此时再听佛答方知并无法谓之无上菩提,此即所谓对治证道时喜动。

释迦在然灯佛得授记而了悟实无无上菩提,实无法可证,然后才可成佛。因为所谓如来,不过是如性如实如法而来,是依如如法性所安立的假名。此诸法如性,因人为障所缠、为垢所蔽而不能见,若人自离障除垢,则可彻照清净法性,此清净法性即名真如。若能离障除垢,则知如来所得无上菩提并非世间实有,此即“无实”;非实有即是清净法性,如如真实,此即“无虚”。一切法都不离真如法性,都无实无虚,都是缘起假有,所以一切法都是佛法。对佛所说须如上信解,才能成就教授。此即离第十二不成就教授障。

既由信解而离十二障,则可入第五净心住处。此住即是证道。证道有总别二相。先证得全体总相,以后渐渐圆满为别相。净心住处偏说总相,第六究竟住处偏说别相。总相显其大全,广大具足,以现证之身而言之,即经所云“譬如人身长大”。菩萨之所以人身长大,因为已度无量众生,而不见实有众生;已证无所得法,而无有法名菩萨。如此大身本是假名,非己实有,无可执著。

净心住处为菩萨入地。究竟住处乃就地上而言。菩萨法与佛法归趣一致,所异仅分满与圆满。地上所求所得,无非佛地,皆属究竟。因此,究竟住处依佛地分为六种圆满:佛土圆满、见智圆满、福德圆满、身圆满、语圆满、意圆满。

初说佛土清净圆满。菩萨求净土,为的是让众生容易得度,因为净土所见无非实相,所闻皆属法音。但佛土之清净因无所得而净,所谓庄严佛土,并非像众生所执著的那样实有,而是信解二无我之理,证得无我法,才显现严净佛土,才名为菩萨。

这一分及以后各分,从字面上看似乎是前十六分内容的重复。尤其是这一分的前两段,几乎是对第二、第三分的抄录。短短五千余言的经文,为什么会出现看似将近一半的重复内容?对这一问题,虽然有学者做过似乎合情合理的猜测,但却没有足够确切的证据证实其猜测符合事实。虽然精彩的猜测在历史研究中往往是重要的手段,而且有时能给人可贵的启发,但在没有确凿的证据证实猜测之前,不宜视其为可信的学术结论。因此对于一些学者的猜测性结论,此处权且略过不提。

面对前后两半文字上的高度重复这个无法改变的事实,佛教史上杰出的思想家,大都根据各自的修行体会或宗派立场尽量做出善巧的解释。这些解释的共同特点是,把文字表面上的重复解释为随修行次第不同而所对治的问题不同、所证境界深浅不同的表现。除无著大师按照菩萨行次第以十八住诠释之外,中国天台宗实际创始人智顗认为,前十六分属般若道,以后诸分属方便道。这种解释吸取了龙树《大智度论》对《大般若经》的解释。龙树认为《大般若经》有前后"两番嘱累"。"菩萨道有两种:一者般若波罗蜜道,二者方便道。先嘱累者,为说般若波罗蜜体竟;今以说令众生得是般若方便竟,嘱累。……般若与方便,本体是一,以所用小异,故别说。"(龙树造,姚秦罗什译《大智度论》,《大正藏》第25册,No. 1509,第754上)中国三论宗实际创世人吉藏也根据龙树上述解释,认为本经类似《大品般若经》,也分前后两周。其两周说要略如下:前周为利根人广说般若,后周为钝根人略说般若;前周明实慧,后周辨善权;前周净攀缘,后周尽慧观;前周成发心修行,后周泯发心修行;前周为前会众广说,后周为后会众略说。(参见吉藏《金刚般若疏》,《大正藏》第33册,No. 1699,第99中、118页上、下)罗什高足僧肇以空慧为《金刚经》核心,据之把全经分为三章。第一章说境空,第二章说慧空,第三章(十七分以后)说菩萨空。(参见僧肇《金刚般若波罗蜜经注》,《卍新纂续藏经》第24册,No. 054,395页中)印顺综合龙树、无著等家,既采纳龙树二道、五种菩提之分,又吸取无著对治修行次第中的不同问题之说,把全经所说分为二道五种菩提。一发心菩提,二伏心菩提,三明心菩提,四出到菩提,五究竟菩提。前三种菩提是由凡入圣的三个阶段,属般若道;后二种属方便道。般若道终时已得圣果,但尚未圆满,须继续修行。明心菩提就前般若道而言属证悟,就后方便道而言，则又属发心。前发心菩提是发世俗菩提心，而明心菩提是发胜义菩提心。所谓出到菩提，指发胜义菩提心，得无生法忍，以后即修方便道，庄严佛土，成熟众生；渐渐出离三界，到达究竟佛果。（参见印顺《般若经讲记》，中华书局，2010 版，13—14 页）

一体同观分第十八

“须菩提，于意云何？如来有肉眼[①]不？

“如是，世尊，如来有肉眼。”

“须菩提，于意云何？如来有天眼[②]不？

“如是，世尊，如来有天眼。”

“须菩提，于意云何？如来有慧眼[③]不？”

“如是，世尊，如来有慧眼。”

“须菩提，于意云何？如来有法眼[④]不？”

“如是，世尊，如来有法眼。”

“须菩提，于意云何？如来有佛眼[⑤]不？

“如是，世尊，如来有佛眼。”

“须菩提，于意云何？恒河中所有沙，佛说是沙不？”

“如是，世尊，如来说是沙。”

“须菩提，于意云何？如一恒河中所有沙，有如是等恒河，是诸恒河所有沙数，佛世界如是，宁为多不？”

“甚多，世尊。”

佛告须菩提：“尔所国土中，所有众生，若干种心[⑥]，如来悉知。何以故？如来说诸心，皆为非心，是名为心。所以者何？须菩提，过去心不可得，现在心不可得，未来心不可得。”

【注】 ①肉眼:肉身所有之眼。见近不见远,见前不见后,见内不见外,见昼不见夜,见上不见下,因为有色质障碍。故求天眼。肉眼与天眼、慧眼、法眼、佛眼合称"五眼"。②天眼:诸天因修禅定而得。此眼远近前后内外昼夜上下皆悉能见,因为无色质障碍。然虽见和合因缘所生的假名之物,不见实相,故为得实相而求慧眼。③慧眼:是二乘之人照见真空无相之理的智慧。此眼观一切法皆空,不见有众生相,尽灭一切异相,舍离诸著,不受一切法。但慧眼无所分别,不能度众生,故求法眼。④法眼:是菩萨为度众生照见一切法门的智慧。是眼能遍观一切诸法,能知能行,谓因行是法,得证是道,也知一切众生种种方便门,令修令证。但法眼不能遍知度众生方便道,故求佛眼。⑤佛眼:具前四眼之用者,唯佛所具。佛眼无不见知。如人见极远处,佛见则为至近。人见幽暗处,佛见则为显明。乃至无事不见,无事不知,无事不闻,闻见互用,而无所思惟。一切法中,佛眼常照。此五眼中,慧眼能观诸法空性、照见空谛,为一切智;法眼既能观空,也能从空出假,照见假谛,为道种智;佛眼能观空有不二,圆见中谛,为一切种智。⑥若干种心:这里指种种心理活动。

【按】

从这一分直至第三十二分(此分最后一段"流通分"除外),都是依佛地讲究竟住处六种圆满。

上分最后一段讲初佛土清净圆满,这分讲第二佛见智圆满。佛之见智,合肉眼、天眼之见和慧眼、法眼、佛眼之智而成。佛之见智是用来教化利乐有情。恒沙世界众生,种种心念,相续流转,只有对这些都能了如指掌,才能随其根性,逗机说法,顺势化导。而这只有佛之见智才能做到。佛能知众生种种心,正因为知道众生心刹那刹那,流转无常,并非实有。佛之圆满见智,地上菩萨修即可得。

"过去心不可得,现在心不可得,未来心不可得。"这是《金刚经》中的名句。在《维摩诘经》等其他一些经中也能见到类似的表达,说明这是早期大乘经典中的共同思想。

法界通化分第十九

“须菩提，于意云何？若有人满三千大千世界七宝，以用布施，是人以是因缘，得福多不？”

“如是，世尊，此人以是因缘，得福甚多。”

“须菩提，若福德有实，如来不说得福德多，以福德无故，如来说得福德多。”

【按】

佛有一尊号为“两足尊”，这是说佛之福德和智德都最为无上，乃众中至尊。福、慧犹如人之两足，缺一则欠圆满。成佛也应该福慧双修。这分讲佛福德圆满。之所以圆满，是因为其福德并非实有，而不过是彻悟空性、圆见空有之智的显现。

如果认为实有福德，就会像梁武帝那样，一听菩提达磨（亦作“摩”）说他做种种佛事却并无功德，难免迷惑不解。

离色离相分第二十

“须菩提，于意云何？佛可以具足色身①见不？”

“不也，世尊。如来不应以具足色身见。何以故？如来说具足色身，即非具足色身，是名具足色身。”

“须菩提，于意云何？如来可以具足诸相[2]见不？”

“不也，世尊。如来不应以具足诸相见。何以故？如来说诸相具足，即非具足，是名诸相具足。”

【注】 ①具足色身：完美无瑕的肉身。色身一般与法身相对。②具足诸相：是指佛的三十二相、八十种好都完备无缺。

【按】

这分讲第四佛身圆满。佛的色身圆满、诸相美好，入地菩萨都可修得。但佛身所具足的三十二相、八十种好，并非实有，而是随教化众生的需要而显现，因此不能以色身、诸相实有见如来。

非说所说分第二十一

“须菩提，汝勿谓如来作是念‘我当有所说法’，莫作是念。何以故？若人言如来有所说法，即为谤佛[1]，不能解我所说故。须菩提，说法者，无法可说，是名说法。”

尔时，慧命[2]须菩提白佛言：“世尊，颇有众生，于未来世闻说是法，生信心不？”

佛言：“须菩提，彼非众生，非不众生。何以故？须菩提，众生众生者，如来说非众生，是名众生。”

【注】 ①谤佛：毁谤佛陀或佛法。②慧命：即以慧为命，佛的法身以智慧为生命。须菩提深解空性，故称其为“慧命”。又此处“慧命”是“长老”一词的又一译法，直译为“具寿命”。

【按】

这分第一段讲佛之语圆满。佛之说法，随顺众生，深契实相，至为圆满，因其实无所说。若谓佛有所说法，即是谤佛。佛如实相而说，而实相无相，故说即是无所说，只是名为说法而已。经中常有“佛说法四十九年而未说一法”之语，以及后世禅宗所谓“如来不曾说一字”，都是此处所说之意。

这分后两段开始，所讲都是佛之意圆满。意圆满分六种：一、就佛意之在众生而言，二、就佛意之在正觉而言，三、就佛意对于众生施设利益而言，四、就佛意摄取法身而言，五、就佛意不著生死涅槃二边而言，六、就佛意举止无不清净而言。

佛常以众生为念，众生于法能生实信，佛即护念，悉知悉见。但这并不表明佛有众生之想。佛意以众生为非实有，亦非不有，乃缘起之假有。

无法可得分第二十二

须菩提白佛言：“世尊，佛得阿耨多罗三藐三菩提，为无所得耶？”

佛言：“如是，如是。须菩提，我于阿耨多罗三藐三菩提乃至无有少法可得，是名阿耨多罗三藐三菩提。”

【按】

这一分和下分都是就佛意之在正觉而言。实无少法是佛所证，所谓阿耨多罗三藐三菩提，若随顺众生从世俗谛看来，是无上正等觉或无上正遍知，但若从佛之胜意谛而言，不过是就诸法空性而安立的假名。这也就是《心经》所说的“以无所得故……三世诸佛，依般若波罗蜜多故，得阿耨多罗三藐三菩提”。

净心行善分第二十三

“复次，须菩提，是法平等，无有高下，是名阿耨多罗三藐三菩提。以无我、无人、无众生、无寿者，修一切善法①，则得阿耨多罗三藐三菩提。须菩提，所言善法者，如来说非善法，是名善法。”

【注】 ①善法：指一切顺理益世之法。五戒（不杀、不盗、不邪淫、不妄语、不饮酒）、十善（不杀、不盗、不邪淫、不妄语、不两舌、不恶口、不绮语、不贪、不嗔、不痴）为世间之善法，三学（戒、定、慧）、六度为出世间之善法。

【按】

佛知无上正等正觉乃假名而非实法，并证悟诸法平等一如，无有高下，以显现作为假名的阿耨多罗三藐三菩提。因为诸法皆性空假有，皆真如实相，同一法性，所以无有高下，平等无别，即所谓的“青青翠竹，尽是法身；郁郁黄花，无非般若。”又佛虽证诸法皆如，平等无别，却仍以无我之智，修一切善法，利益众生，以显阿耨多罗三藐三菩提。可见，若不以无我之智，修无自性之众善，而只知诸法平等，无有高下，也并非真正的无上正等正觉。“诸恶莫作，众善奉行，自净其意，是诸佛教。”这是一切诸佛最根本的教法。切忌因佛说“是法平等，无有高下”，就徒然搬弄庄子的“道在屎溺”“以道观之，物无贵贱”等话头，并错解其“为善无近名，为恶无近刑”之义而混淆善恶。否则，就真是朽木不可雕了。

福智无比分第二十四

“须菩提，若三千大千世界中所有诸须弥山王，如是等七宝聚，有人持用布施；若人以此《般若波罗蜜经》，乃至四句偈等，受持读诵，为他人说，于前福德，百分不及一，百千万亿分乃至算、数、譬喻所不能及。”

【按】

这一分就佛意对众生义利而言。即使以像所有须弥山王堆积起来那样多的七宝布施，所得之福利，也远远不如本经所说法门对众生的义利。因为本经所说佛法能普度众生。

化无所化分第二十五

“须菩提，于意云何？汝等勿谓如来作是念‘我当度众生’。须菩提，莫作是念。何以故？实无有众生如来度者，若有众生如来度者，如来则有我、人、众生、寿者。须菩提，如来说有我①者，则非有我，而凡夫②之人以为有我。须菩提，凡夫者，如来说即非凡夫。”

【注】 ①我：指永恒、独立且具有主宰作用的主体。此处梵文及其他译本作“我执”。②凡夫：又译作“异生”。就修行阶位而言，未见四谛之理而凡庸浅识者，均称凡夫。对四向四果之圣者而言，其余未见道者概称为凡夫。对声闻、缘觉、菩萨及佛等四圣而言，凡生死流转于六道者，皆称为六凡，即六道众生。

【按】

这一分就佛意对众生施设而言。众生为假名施设，并非实有。若执众生实有，则生我见。如来说法，为让众生安住于真如实相，而众生本即真如实相，故所谓度；若著度众之念，则起我执。我执不该有，无我执之见也不该有。因为如来所说我执，本是随顺众生而说，并非实有，只是凡夫认为我执实有。当然，所谓凡夫，也只是假名施设，并非实有凡夫。一切都是假名施设，究竟则连假名施设也是随缘立说，并非实有。这就是所谓的随说随扫，随扫随说，究竟不著。

法身非相分第二十六

"须菩提，于意云何？可以三十二相观如来不？"

须菩提言："如是，如是，以三十二相观如来。"

佛言："须菩提，若以三十二相观如来者，转轮圣王①则是如来。"

须菩提白佛言："世尊，如我解佛所说义，不应以三十二相观如来。"

尔时，世尊而说偈言：

"若以色见我，以音声求我，
是人行邪道，不能见如来。"

【注】 ①转轮圣王：亦称转轮王，身具三十二相，即位时，由天感得轮宝，转其轮宝，而降伏四方，故曰转轮王。

【按】

这一分就佛意摄取法身而言。所谓法身，即佛以法为身，法即法性真如。因此不能以三十二相观如来，见法性实相即见佛。实相无相，若从色、声等求佛，则执著于各种实有之相而堕入邪道，永远不能见佛。须菩提大概先认为化身佛可以三十二相见，但化身佛三十二相只不过是随众生需要而显现，若执为实有，则不能见佛法身。

“若以色见我，以音声求我，是人行邪道，不能见如来。”与此类似之偈颂，也见于汉译“宝积部”的《离垢施女经》《得无垢女经》。

无断无灭分第二十七

“须菩提，汝若作是念‘如来不以具足相故，得阿耨多罗三藐三菩提’，须菩提，莫作是念‘如来不以具足相故，得阿耨多罗三藐三菩提’。

“须菩提，汝若作是念‘发阿耨多罗三藐三菩提者，说诸法断灭相’，莫作是念。何以故？发阿耨多罗三藐三菩提心者，于法不说断灭相。”

【按】

这一分和下一分就佛意不著涅槃生死二边言。

上一分讲不应以三十二相见如来，但若因此而认为应该断灭三十二具足相才能证得无上正等正觉，就堕入断灭见。发无上菩提心者不应起断灭见，并因此远离世间众生，像小乘那样求灰身灭智的解脱，而应虽彻证世间法缘起性空，流转如幻，但却仍以大悲心和方便法，除病不除法，与世间众生同甘共苦，不住无为，不尽有为，留惑润生。此即大乘菩萨的不住涅槃。

不受不贪分第二十八

“须菩提，若菩萨以满恒河沙等世界七宝布施，若复有人知一切法无我，得成于忍，此菩萨胜前菩萨所得功德。何以故？须菩提，以诸菩萨不受福德故。”

须菩提白佛言：“世尊，云何菩萨不受福德？”

“须菩提，菩萨所作福德，不应贪著，是故说不受福德。”

【按】

这一分讲佛意不住生死。能悟诸法无我，即证得无生法忍，即胜过恒沙七宝布施福德。因为得无生忍，知一切法不生不灭，安住于真如实相，就不会贪著于福德。不贪著于福德，即是不住著于生死。不住著于生死，亦即脱离轮回苦海，此即无边福德。佛既不住著于涅槃而远离众生，此为大悲；也不住著于生死却示现生死以度众，此乃大智。

威仪寂净分第二十九

“须菩提，若有人言‘如来若来若去，若坐若卧’，是人不解我所说义。何以故？如来者，无所从来，亦无所去，故名如来。”

【按】

这一分至三十二分，都是讲佛举止清净、行住不染，是就佛化身运用后得智而言。分威仪、名色身之举止和说法三层。

这一分讲威仪清净。佛称如来，亦称如去，即如法而来，如法而去，来去皆清净无染，实无来去。虽实无来去，却随众生所需而示现来去坐卧四威仪。

一合理相分第三十

"须菩提，若善男子、善女人，以三千大千世界碎为微尘，于意云何？是微尘众宁为多不？"

须菩提言："甚多，世尊。何以故？若是微尘众实有者，佛则不说是微尘众。所以者何？佛说微尘众，即非微尘众，是名微尘众。世尊，如来所说三千大千世界，即非世界，是名世界。何以故？若世界实有者，则是一合相。如来说一合相，即非一合相，是名一合相。"

"须菩提，一合相者，则是不可说，但凡夫之人贪著其事。"

【按】

这一分就佛所化的色身亦即器世间而言佛举止之清净无染。三千大千世界非实有，乃微尘集聚而成的假有，称其为世界，不过是假名。任何因缘和合的事物，都非实有，本不可说，但凡夫执著为实有，所以随顺众生，安立假名而说。非但世界如是，微尘乃至任何因缘本身亦如是，也是缘生缘灭，性空假有，不过随顺众生安立假名而已。这就是不坏假名而说诸法实相，属佛之智慧。

知见不生分第三十一

“须菩提，若人言‘佛说我见、人见、众生见、寿者见’，须菩提，于意云何？是人解我说义不？”

“世尊，是人不解如来所说义。何以故？世尊说我见、人见、众生见、寿者见，即非我见、人见、众生见、寿者见，是名我见、人见、众生见、寿者见。”

“须菩提，发阿耨多罗三藐三菩提心者，于一切法，应如是知，如是见，如是信解，不生法相。须菩提，所言法相者，如来说即非法相，是名法相。”

【按】

这一分言就佛所化的名身亦即众生世间而言佛举止之清净无染。器世间皆随顺众生而安立假名，众生世间亦如是。既然众生非实有，因众生而起的各种我见，亦非实有。佛所说我见，也是就众生所执，假名为我见。于一切法，都应作如是知，如是见，如是信解。诸法本非实有，皆因起妄想而执诸法实有，此即法想（即罗什所译的“法相”）。不生法想，则知诸法非实有。但不生法想，不是说实有法想可灭。法想也不是实有，也不过是假名而已。如是观众生乃至一切法，方可真得清净污染。

应化非真分第三十二

“须菩提，若有人以满无量阿僧祇世界七宝持用布施，若有善男子、善女人发菩萨心[①]者，持于此经，乃至四句偈等，受持读诵，为人演说，其福胜彼。云何为人演说？不取于相，如如不动[②]。何以故？

“一切有为法[③]，如梦幻泡影，

如露亦如电，应作如是观。”[④]

佛说是经已，长老须菩提，及诸比丘、比丘尼、优婆塞、优婆夷[⑤]，一切世间天、人、阿修罗，闻佛所说，皆大欢喜，信受奉行[⑥]。

【注】 ①菩萨心：同菩提心。②如如不动：安住于真如空性。另有解释为像真如一样寂静。③有为法：指因缘造作的事物，与“无为法”相对。④一切有为法，如梦幻泡影，如露亦如电，应作如是观：这一颂只有六个比喻，其他汉译本都有九个比喻。玄奘和义净译本的比喻都是：如星翳灯幻，露泡梦电云。从总体看，不管是罗什译本的六喻还是其他译本的九喻，都是比喻有为法是因缘和合而生，是并不实在的假有。但若具体分析，会发现每个比喻的具体喻义都有所不同，都是从不同的角度说明有为法的虚假不实。按照吕澂的解释，这九个比喻可以分三层，层层递进，表明有为法是并无实体或自性的假有。首先就见、相、识设喻，以表明有为法没有自性。我们可以把作为有为法的整个世界三分为认识能力（见）、认识对象（相）和认识能力对对象的认识结果（识）。星比喻认识对象亦即相，因为在我们看来，星光微弱，暗中闪烁，月明则稀，日出全没。而在佛教看来，众生世事，亦如星光，智慧日出，则不复见。翳比喻认识功能亦即见，病目现空花，实为无中生有，我们的认识能力就像有眼病的视力。灯比喻认识能力对对象的认识结果亦即识。需借助油等燃料，才能生起灯光，这就像人有爱欲就产生各种执取；又油料等污垢不净，灯焰也受污染，这就像人的认识因为烦恼而污染不净。这第一层三个比喻，虽然让众生明白一切有为法都是不实不净，但人们还会认为尽管如此，我们毕竟还有各种感受，因此不能说世界乃虚假不实。因此第二层再举三个比喻，说明我们感受的产生，也是由外在世界和内在身根和合而成，并非有自性的实有。幻比喻外在世界，说明世界如幻如化，变化无常。露比喻内在身根，像露那样见日

则干，遇风则散，本不长久。泡比喻我们的感受，只不过是内在身根和外在世界和合而生，事过境迁，根本不是不变的实有，就像所起的水泡，随起随灭。这里虽然表明我们的感受并非实有，但众生可能转而认为，虽然我们现在的感受确实不是永恒的，但我们过去确实产生过感受，而且未来还会产生。为此最后用三个比喻表明过去、现在、未来三世都不是实有。梦比喻过去，过去并非实有，就像醒后梦境皆空一样。电比喻现在，现在就像闪电一样，刹那不住，稍纵即逝。云比喻未来。“行到水穷处，坐看云起时。”但云起云落，云聚云散，无休无止，不可把握，此即所谓“天有不测风云”。未来亦如是。这三层九喻，足以说明一切有为法都是无实体的假有，根本就不值得贪恋。⑤比丘、比丘尼、优婆塞、优婆夷：佛教合称“四众”。“比丘”之意见第一分之注⑤。比丘尼指出家受具足戒的女子。优婆塞、优婆夷分别指在家男、女佛教徒。前者意译为“清信士”“近事男”等，后者意译为“清信女”“近事女”等。⑥闻佛所说，皆大欢喜，信受奉行：这是佛经结尾的套话。正因皆大欢喜，才会信受奉行。又因信受奉行，才能佛种不断，法海不竭，自利利他。

【按】

这最后一分分两部分，最后一段为一部分，是本经的流通分，前面为一部分，是正宗分的结束。前一部分言佛说法清净不染。佛说法旨在令众生悟入诸法实相，因此，为他人言说本经，福德胜于用无量阿僧祇世界七宝布施。如何为人言说呢？不执著于一切相，安住于真如空性，法性实相。所谓不执著于一切相，意为即使对真如实相也不能执著，对不执著也不能执著。为什么要这样说法呢？不但因为一切法皆缘起性空，而且因为真如实相本不可言说，凡言说皆随顺众生因缘而说，因此也是因缘造作的有为法。而在般若空慧的观照之下，一切有为法都如梦幻泡影，都如露如电，都是缘生缘灭，性空假有，流转无常。

“一切有为法”这四句颂在本经中是结论，但对般若法而言，则是开端。本经正宗分以此颂终结，实际是开启新学菩萨入德之门。

坛经 导读

坛经 导读

一、《坛经》的作者

《坛经》为惠能所述，弟子法海记录。《坛经》虽有不同版本，且各版本内容都有所差异，但各版本都反映了惠能的主要思想。惠能（638～713），一作慧能，俗姓卢，范阳（今北京大兴）人。幼年随父流放岭南新州（今广东新兴）。父亡后随母移居南海，艰辛贫困，以卖柴为生。24岁时，得人资助，北上参学。唐龙朔元年（661）在黄梅谒见禅宗五祖弘忍。五祖令其随从作务，劈柴踏碓八个多月后，弘忍传衣付法于他（详情见经文）。惠能得法衣，奉命连夜潜行南归。

惠能南归广东后，于仪凤元年（676）正月初八到广州法性寺。正月十五日印宗为他落发，二月初八受具足戒。

开元二年（713），惠能卒于新州国恩寺。韶、广二州门人，迎惠能遗体至曹溪南华寺供奉至今。

唐宪宗时谥号“大鉴禅师”。宋太宗太平兴国年中（976～983）加谥“真宗禅师”；后由仁宗谥号“普觉禅师”，神宗赐“圆明禅师”谥号。

惠能是禅宗南宗的创始人，被奉为中国禅宗第六祖，号六祖大师。嗣法弟子四十余人中，以青原行思、南岳怀让、荷泽神会、南阳慧忠、永嘉玄觉等最著名，开后世临济、沩仰、曹洞、云门、法眼等五家七宗之禅。

除《坛经》之外，《金刚经解义》《金刚经口诀》相传也为惠能所作。

记录者法海，曲江（广东）人，生卒年、生平皆不详。初见六祖，问即心即佛之义，言下顿悟。

二、《坛经》的版本

《坛经》在历史上出现过很多版本。有学者认为《坛经》祖本成书时间当在713～732年之间，但今已不存。日本学者柳田圣山主编、日本中文出版社1976

年出版的《六祖坛经诸本集成》，共收入十一种版本：敦煌本（斯坦因本）、兴圣寺本、金山天宁寺本、大乘寺本、高丽传本（德异本）、明版南藏本、明版正统本、清代真朴重补本、曹溪原本、流布本（通行本）、金陵刻经处本。蓝吉富主编的《禅宗全书》第37册，把这11种版本悉数收录。另一位日本学者宇井伯寿认为，先后存在过的《坛经》版本多达十八九种。杨曾文则罗列近30种版本。

尽管版本众多，但是学界一般认为，真正独立的、具有代表性的版本大约有四种：敦煌本、惠昕本、契嵩本、宗宝本。

1. 敦煌本

敦煌本是目前现存的最古老的本子，全名为《南宗顿教最上大乘摩诃般若波罗蜜经六祖惠能大师于韶州大梵寺施法坛经》，下署"兼受无相戒弘法弟子法海集记"。卷末题为"南宗顿教最上大乘坛经法一卷"。杨曾文认为此本大概出现于733～801之间。此本是日本学者矢吹庆辉1923年在伦敦大英博物馆收藏的敦煌文书中发现的，1928年校刊后收入《大正藏》第四十八册。1930年，他又把原件照片收入《鸣沙余韵》。此本因为斯坦因掠走，故一般又通称为"斯坦因本"。

敦煌本《坛经》约12000字，文字比较质朴，不分章节品目。日本学者铃木大拙把它分为五十七节，分别加以标题并撰文解说，于1934年以《敦煌出土六祖坛经》为名刊行。

现存属于敦煌本一系的版本还有四种：敦博本、旅博本、北图本、北图残本。前两种与敦煌本一样，都是全本。后两种是残本，其中北图本首残，约存完本文字的三分之一，北图残本仅存四行半。各种版本现在都有出版。（详情请参阅释明生主编：《六祖坛经研究集成》，金城出版社，2012年版，第19—37页。）

2. 惠昕本

惠昕本是北宋初年释惠昕的改编本，名《六祖坛经》，署名为"依真小师邕州罗秀山惠进禅院沙门惠昕述"。此本分上下卷，共十一门，约14000字。内容虽然与敦煌本有一些出入，但基本一致。增加了慧能得法归来避难、传五分法身香、朝廷征召等事迹。据胡适先生和铃木大拙考证，惠昕改编《坛经》当在北宋太祖乾德五年（967）五月，后有宋刊本行世，惠昕本的刻本已失传，后在日本京都兴圣寺发现抄本，因此又称"兴圣寺本"。日本大乘寺本、真福寺本等都是它的异抄本。

3. 契嵩本

宋仁宗至和(1054～1056)年间,僧人契嵩又将《坛经》改编,全称《六祖大师法宝坛经曹溪原本》,三卷(现存本一卷),十品,约20000余字。此本有明代成化(1465～1487)年间的重刻本。胡适以现存《坛经》的各种版本与敦煌本相比较,发现最早在内容上发生重大变化的就是此本,其后的宗宝本又在此本的基础上添枝加叶。

元至元二十七年(1290),僧人德异在"吴中休休禅庵"刊行《六祖大师法宝坛经》,世称"德异本",又称"至元本"。据有的学者研究,德异本很可能就是契嵩本,不过经文已不是三卷,而是一卷十门。十门名称为悟法传衣、释功德净土、定慧一体、教授坐禅、传香忏悔、参请机缘、南北顿渐、唐朝征诏、法门对示、付嘱流通。

今有高丽于元大德四年(1300)初刻、延祐三年(1316)重刻的本子存世。明代成化七年(1471)刊印的《六祖大师法宝坛经曹溪原本》,其品目顺序、文字内容与朝鲜流行的德异本相同。此成化本在明清时曾多次刊印。

4. 宗宝本

光孝寺僧人宗宝再次改编《坛经》,元至元二十八年(1291)成书,题名《六祖大师法宝坛经》,一卷,十品,20000余字。这是明代以后流传最广且长期以来几乎唯一流通的版本。此本最早有元刻本。宗宝根据三个不同的底本增加了一些文字,对《坛经》作了一些修改。此本错误少,品名的概括性强,文字经过润色,比其他本子流畅优美,可读性强,因此成为明代以来的流行本,历代的重刊本有数十种。明代刊行的《南藏》《北藏》《嘉兴藏》等《大藏经》都收录此本。《大正藏》第四十八册也收录此本。

十品品名及内容如下:

第一行由,叙说六祖行迹、得法缘由,及为法性寺印宗说法。

第二般若,认为识自性即般若,即可见性成佛。

第三疑问,应韦刺史的质疑,就达磨与梁武帝的问答,阐释"无功德"之义,又论述念佛往生唯心净土之旨,并针对在家修行者之问,示以"无相颂"。

第四定慧,阐述顿教法门以定慧为本,倡导住于定慧不二的一行三昧,提出无念为宗、无相为体、无住为本的三纲领。

第五坐禅,对外界一切善恶境界,心念不起,称为坐;于内了见自性不动,称为禅。

第六忏悔，解说自性五分法身香、无相忏悔、自心四弘誓愿、自性三归戒以及自性一体三身等法义。

第七机缘，记述惠能为无尽藏尼、曹叔良、韶州法海、洪州法达、寿州智通、信州智常、广州智道、青原行思、南岳怀让、永嘉玄觉、河北智隍等举示顿教禅要，揭示“诸佛妙理，非关文字”“即心即佛”等南宗禅宗旨。

第八顿渐，阐述法本一宗，原无顿渐，因人有利钝之差异，故有顿渐之别。又叙述惠能为吉州志诚，就“戒定慧”，解说与神秀教法的差异。并叙及接化江西志彻、荷泽神会的缘由。

第九宣诏，记载固辞唐中宗神龙元年(705)迎请的宣诏，并为敕使薛简指示南宗禅法。

第十付嘱，先举示三科法门、三十六对法，阐明超越二边对待的中道义；次揭示“真假动静偈”“自性真佛偈”；末嘱咐弟子递代流传，莫令乖误。

虽然宗宝本掺进了后世禅宗对惠能思想所作的一些发挥，但惠能本人的基本思想基本上没有被歪曲，而且明代以来对世人影响最大的就是此本，因此这里选择宗宝本，以《大正藏》第四十八册所收为底本。

除了各种汉文本，《坛经》在历史上可能还存在过多种少数民族文字的译本，但目前仅发现西夏文本。此本目前共发现12页，史金波先生译为汉文，以《西夏文〈六祖坛经〉残页译释》为题，发表在《世界宗教研究》1993年第3期。

《坛经》之“坛”，意为戒坛、法坛、忏坛等，此坛据说是刘宋求那跋陀罗三藏所建，惠能即在此受戒。其实惠能说法地点并不限于此坛。

三、《坛经》的古今注疏与研究

本书历来注疏并不多，古人较重要的有：北宋契嵩的《法宝坛经赞》一卷、元代天柱的《注法宝坛经海水一滴》五卷、明代袁宏道《法宝坛经节录》、明代李卓吾的《六祖法宝坛经解》。

现代校释译注较多，根据所依版本系统，可分为两大类：一类以敦煌本系统为底本，一类以宗宝本为底本。前者有：郭朋的《坛经校释》(中华书局1983年版)、杨曾文的《新版·敦煌新本·六祖坛经》(宗教文化出版社2001年版)、李申合校、方广錩简注的《敦煌坛经合校简注》(山西古籍出版社1999年版)、潘桂明的《坛经全译》(巴蜀书社2000年版)、邓文宽的《六祖坛经——敦煌坛经读本》(辽宁教育出版社2005年版)。后者有：丁福保的《六祖法宝坛经笺注》、魏道儒的《坛经译注》(中华书局 2010 年版)、王月清注评的《六祖坛经》(凤凰出版社 2010 年版)、洪修平、白光注评的《坛经》(凤凰出版社 2010 年版)、尚荣译注的《坛经》(中华书局 2010 年版)、陈兵导读、哈磊整理、集评的《大学经典 · 坛经》(上海古籍出版社 2011 年版)。另外,还有徐文明以德异本为底本注译的《六祖坛经》(中州古籍出版社 2004 年版)。

其中郭朋的《坛经校释》是中国大陆第一部敦煌本《坛经》校释,但他是以铃木大拙校释本为底本,而杨曾文、潘桂明皆以敦博本为底本。丁福保的本子是国内最早以宗宝本为底本的《坛经》注疏,而陈兵、哈磊整理的正是丁福保的《六祖法宝坛经笺注》。因为没有读尽各家注释,所以此处不打算一一做评价。如欲了解相关评价,请参阅释明生主编的《六祖坛经研究集成》(北京:金城出版社,2012 年版)和林光明、蔡坤昌、林怡馨编译的《六祖坛经及其英译》(台北:嘉丰出版社,2004 年版)的相关内容。

台湾关于敦煌本《坛经》校释的主要作品有:印顺的《精校敦煌本坛经》(收入《华雨集》第一册,正闻出版社 1993 年版)、潘重规校订的《敦煌坛经新书》(台北:佛陀教育基金会,1994 年版)、黄连忠的《敦博本六祖坛经校释》(台北:万卷楼图书公司,2006 年版)。

日本研究《坛经》的著名学者有矢吹庆辉、送本文三郎、铃木大拙、宇井伯寿、柳田圣山、田中良昭等人。

英译本《坛经》主要以宗宝本和敦煌本或敦博本为主,较重要的有十二种,其中最早的翻译者是黄茂林。黄译本以宗室本为底本,在中国和西方一再被编校出版,湖南出版社 1996 年出版了顾瑞荣编校的此译本。

其他外文译本有捷克文译本(1988 年出版)、俄罗斯文译本(1989 年)、西班牙文译本(1989 年)、法文译本两本(分别是 1992 和 2001 年)。另外,德文分次从 1930 到 1936 年在 Sinica 杂志刊登(参阅《六祖坛经研究集成》,第 104—110 页)。

译注之类的成果除外,现代《坛经》研究影响最大的主要在文献学和禅宗史方面,思想史方面的研究也不少,哲学层面的深入研究成果很少。

四、《坛经》的影响与当代意义

虽然学界认为《坛经》思想是般若思想和涅槃佛性思想的结合,但这并不意味着惠能不主要是靠其天才而自悟佛法。惠能不识字,不能读经,但一听人诵

《金刚经》心即开悟，初见五祖就知道佛性无南北，砍柴舂米八个多月就能作开悟偈而赢得五祖传衣付法，可见其佛法主要靠自悟。不过其所悟契合佛说，不违佛理。而佛理本是一味，无论般若涅槃。无论是惠能提出的自性作佛，即心即佛，明心见性，顿悟成佛，还是他所说的无念为宗、无相为体、无住为本、定慧一体等，几乎没有一点是出于佛说之外的新理论，因此，惠能的伟大不能由此而论。惠能的伟大在于，他根据当时中国佛教徒的实际情况，应机施教，方便说法，提出针对性极强的修行法门。"方便为究竟"本是佛所说的圣言量，但真正能做到深入浅出、游刃有余而开宗立派的，在中国佛教史上恐怕也就是惠能。可惜且可悲的是，虽然惠能强调他的法门只是针对上根利根之人，只是一种应机方便之教，可是很多人不是自居上根而强修顿教法门，就是认为顿教法门是适合于所有众生的不二法门，从而导致禅宗浊流、逆流、末流的泛滥，最终几乎消解了真正的佛教精神。

惠能及其《坛经》对禅宗所起的影响，无论如何估计也不会过分。曾经一度，由惠能开创的南宗禅几乎独霸了中国禅的天下，而佛教的中国化正是主要体现在南宗禅。因此，在中国佛教著作中惟有《坛经》被尊称为"经"，可谓当之无愧。《坛经》不仅对中国佛教产生了巨大的影响，而且还对中国思想、诗歌、书法、绘画等许多方面都产生了深刻的影响。

但是，由今视昔，尤其如果从世界文化一体化的眼光来看，从现代学术体系来看，从哲学和科学的长远发展来看，惠能及其《坛经》对整个中国思想乃至中国佛教本身的影响，虽然不能不说是惠能个人的巨大荣幸，但未必是中国文化的幸运。后世禅宗是如何借着惠能的影响，打着惠能的旗号，与惠能本人的思想渐行渐远，与佛教本来的精神追求貌合神离，这些且不说。单就陆王心学之流和其他很多非佛教徒的读书人而言，他们都因为误解或偏爱惠能的思想，认为直觉顿悟的思维至高无上，从而使自己越来越懒于培养哲学所必需的严谨精微的逻辑思辨能力，越来越疏远科学所必需的对象化的理性思维能力。而正是逻辑思辨能力和对象化的理性思维能力的低下，导致了整个中国在近代以来的科学技术日渐落后于西方，并由此长期陷入被动挨打的屈辱境地。虽然我们今天借着世界一体化的便利，乘着改革开放的大好政策，可以最快地借鉴吸收利用主要是由西方首先创立发明的各种科学理论和技术，但由于我们的大部分知识分子尤其是人文社科知识分子至今还是对逻辑思辨能力和对象化的理性思维能力心存排斥，使得我们今天在科学理论乃至尖端技术方面的自主创新水平，整体上还很难说可以自立于西方，至少与我们悠久辉煌的历史相比，似乎极不相称。因此，既然大力传播包括《坛经》在内的各种传统文化经典在当下已不仅仅是学院内的学术行为，而且还是富有伟大政治意义的时髦事件，那么，至少对作为建设美丽中国、实现中国梦、复兴中华民族之主力军的广大大学生而言，我们必须强调，如果因为惠能《坛经》提倡直觉顿悟的思维，我们就鄙视排斥逻辑思辨能力和对象化的理性思维能力的培养，那就是对惠能创造精神的背叛，就是对我国悠久灿烂文明的抹黑，这不是弘扬，更谈不上复兴。

从个人的特殊禀赋而言，惠能不可学。因为他不识字，几乎是靠其天才而自悟佛法，而天才不可学。（当然，如果从佛教善恶报应、三世轮回的思想来看，天生的禀赋是过去无数数世行善所感招的善报，因而天赋也是可以通过每个人主观的努力而获取的，只要努力行善修行即可）。从思想的创造性而言，惠能也不必学。因为惠能尽管几乎是自悟佛法，但他自悟的一切佛理都不在佛陀所说教义之外，他所做的不过是根据中国佛教徒的实际情况，用自己的话，应机方便示教而已。但是无论在当今还是将来，《坛经》总还是值得一读，并不是因为不读它就弄不懂佛教，就做不了中国的佛教徒，而是因为读懂了它也许有助于提高对末流狂禅的免疫力和识别力，可以破除对《坛经》的迷信——如果与印度佛教经典对照着读的话，当然，也可以更好地理解唐宋以来的整个中国文化和思想。

行由第一

时，大师至宝林[①]。韶州韦刺史与官僚入山，请师出。于城中大梵寺讲堂，为众开缘说法。师升座次，刺史官僚三十余人、儒宗学士二十余人、僧尼道俗一千余人，同时作礼，愿闻法要。

大师告众曰："善知识[②]，菩提自性[③]，本来清净[④]，但用此心，直了成佛[⑤]。善知识！且听惠能行由得法事意。

【注】 ①宝林：即宝林寺，位于今广东曲江县南三十五公里曹溪山。今称南华寺、南华古寺、南华禅寺。唐仪凤年间(676～678)，惠能在此弘法，学徒云集，法道大振。寺内今存有惠能肉身像、钣钵、响鞋等遗物。②善知识：一般指道德高尚、学识渊博且能指导他人学佛的出家在家佛教徒。此处是对听众的一种礼貌性称呼。③菩提自性：菩提，梵文 bodhi 的音译。意译为觉、智、知、道等。指断绝世间烦恼、成就涅槃的智慧，即佛、独觉、声闻各于其果所得的觉智。这三种菩提中，佛的菩提为无上究竟，称阿耨多罗三藐三菩提，意译为无上正等正觉、无上正遍知等。这里专指佛的菩提。自性，这里指人先天具足的本性。菩提自性，指人先天就有的菩提本性，亦即觉悟成佛的本性。④本来清净：生来或无始以来就没有任何烦恼污垢的污染，也指毕竟空性。⑤但用此心，直了成佛：只要凭依或运用人人天生本有的般若心，当下就能成佛。心，指天生本有的般若心。所谓天生本有的般若心，并非在凡夫妄心之外另有一心，而是指能察觉妄心的觉照之作用。

【按】

第一段模仿印度佛经的开篇，可视为本经的流通分。

第二段"菩提自性，本来清净，但用此心，直了成佛"这四句话，可以视作全经乃至整个惠能思想的一种简要概括。这十六个字，融合了印度大乘佛教的心佛众生三者无别(《华严经》)、一切众生悉有佛性(《大涅槃经》)、东晋道生法师的顿悟成佛等思想。

"惠能严父，本贯范阳[1]，左降流于岭南，作新州[2]百姓。此身不幸，父又早亡，老母孤遗，移来南海[3]，艰辛贫乏，于市卖柴。

"时，有一客买柴，使令送至客店。客收去，惠能得钱，却出门外，见一客诵经。惠能一闻经语，心即开悟[4]，遂问：'客诵何经？'客曰：'《金刚经》。'复问：'从何所来，持此经典？'客云：'我从蕲州黄梅县东禅寺来。其寺是五祖忍大师[5]在彼主化，门人一千有余。我到彼中礼拜，听受此经。大师常劝僧俗，但持《金刚经》，即自见性[6]，直了成佛。'

"惠能闻说，宿昔有缘[7]。乃蒙一客取银十两与惠能，令充老母衣粮，教便往黄梅，参礼五祖。

【注】 ①范阳：今北京大兴、宛平一带。②新州：今广东新兴县。③南海：今广东佛山一带。④开悟：这里指开启明白了内心潜在的对佛法的向往和佛教的一些根本思想，不是指开悟成佛。⑤五祖忍大师：即中国禅宗五祖弘忍。弘忍（601～674），俗姓周，湖北黄梅人，七岁从四祖道信（580～651）出家。道信住黄梅西北的双峰山，弘忍继承道信法席之后在双峰山的东面冯墓山另建道场，名东山寺，故人称他的禅学为"东山法门"。⑥见性：觉悟到天生本有、本来清净的菩提自性。⑦宿昔有缘：前世结下的缘分。

【按】

这部分交待了惠能籍贯、家世和贫寒的家境，叙述了惠能偶听人诵《金刚经》便发心向佛、投奔五祖的因缘。

买柴之人所转述的五祖之言"即自见性，直了成佛"，与上文惠能在大梵寺为大众开缘说法时的开首明宗之语"但用此心，直了成佛"，一脉相传，大旨相近。二者都强调成佛可当下即了，而惠能的"但用此心"与弘忍的"即自见性"用语虽异，实质则同。"见性"即见人本有的本来清净的菩提本性，"用此心"即用人本有的般若心。

"惠能安置母毕，即便辞违，不经三十余日，便至黄梅，礼拜五祖。

"祖问曰：'汝何方人，欲求何物？'

"惠能对曰：'弟子是岭南新州百姓，远来礼师，惟求作佛，不求余物。'

"祖言：'汝是岭南人，又是獦獠[1]，若为堪作佛[2]？'

"惠能曰:'人虽有南北,佛性[3]本无南北;獦獠身与和尚[4]不同,佛性有何差别?'

"五祖更欲与语,且见徒众总在左右,乃令随众作务。

"惠能曰:'惠能启和尚,弟子自心,常生智慧,不离自性,即是福田[5]。未审和尚教作何务?'

"祖云:'这獦獠根性大利[6],汝更勿言,著槽厂[7]去。'

"惠能退至后院。有一行者[8],差惠能破柴踏碓。

"经八月余。祖一日忽见惠能曰:'吾思汝之见可用,恐有恶人害汝,遂不与汝言,汝知之否?'

"惠能曰:'弟子亦知师意,不敢行至堂前,令人不觉。'

【注】 ①獦獠:当时对以行猎为生的南方少数民族的侮称。如此称呼惠能,带有轻蔑之意,意为尚未开化。②若为堪作佛:怎么能成佛。③佛性:又称如来性、觉性。既可以指佛陀所具有的本性,也可以指成佛的可能性或必要条件。佛教各派对佛性的解释不同。中国佛教大多做后一种理解。《坛经》把佛性等同于人的本心或本性。④和尚:梵语讹传后的音译,又作和上、和阇等。意译为亲教师、力生、近诵、依学、大众之师等。本是印度称呼师父的俗语。在我国既用作对高僧的尊称,也用来通称出家人。⑤福田:能生长福德的田地。凡敬侍佛、僧、父母、悲苦之人,都可以积累福德、功德,好比农民耕田,能有收获。所以把被敬侍的佛、僧、父母、悲苦之人,都喻为福田。⑥根性大利:根性,指人天生本具的为善或作恶的能力。大利,即非常好。这是称赞惠能学佛的禀赋、资质非常好。⑦槽厂:养马的地方,马棚。⑧行者:泛指佛教的修行者,可指未剃度而在寺院服杂役的带发修行者,也可指行脚参禅或乞食的僧人。

【按】

这部分叙述惠能初参五祖的问答和情形。惠能入学考试,初次对答五祖,可谓语出惊人。他以前虽从未专门学过佛法,但所答却不但契合《涅槃经》"一切众生悉有佛性"的思想,而且已初悟佛在自心自性,不在其外。五祖对惠能的入学考试表现,虽大出意外,十分满意,但却佯装不知,不形于外,以免惠能遭人忌害。更难得惠能对师意心领神会,行动举止,默默配合。

“祖一日唤诸门人总来：‘吾向汝说，世人生死事大[①]，汝等终日只求福田，不求出离生死苦海[②]，自性若迷，福何可救？汝等各去，自看智慧，取自本心般若之性，各作一偈，来呈吾看。若悟大意，付汝衣法，为第六代祖。火急速去，不得迟滞。思量即不中用[③]，见性之人，言下须见，若如此者，轮刀上阵，亦得见之。’

“众得处分，退而递相谓曰：‘我等众人，不须澄心用意作偈，将呈和尚，有何所益？神秀[④]上座[⑤]，现为教授师[⑥]，必是他得。我辈谩作偈颂，枉用心力。’余人闻语，总皆息心，咸言：‘我等已后依止秀师，何烦作偈？’

“神秀思惟：‘诸人不呈偈者，为我与他为教授师，我须作偈，将呈和尚。若不呈偈，和尚如何知我心中见解深浅？我呈偈意，求法即善，觅祖即恶，却同凡心夺其圣位奚别？若不呈偈，终不得法，大难，大难！’

“五祖堂前，有步廊三间，拟请供奉[⑦]卢珍画《楞伽经变相[⑧]》及《五祖血脉[⑨]图》，流传供养。神秀作偈成已，数度欲呈，行至堂前，心中恍惚，遍身汗流，拟呈不得。前后经四日，一十三度，呈偈不得。

“秀乃思惟：‘不如向廊下书著，从他和尚看见。忽若道好，即出礼拜，云是秀作。若道不堪，枉向山中数年，受人礼拜，更修何道？’

“是夜三更，不使人知，自执灯，书偈于南廊壁间，呈心所见。偈曰：

身是菩提树[⑩]，心如明镜台，

时时勤拂拭，勿使惹尘埃。

秀书偈了，便却归房，人总不知。秀复思惟：‘五祖明日见偈欢喜，即我与法有缘；若言不堪，自是我迷，宿业障[⑪]重，不合得法。圣意[⑫]难测。’房中思想，坐卧不安，直至五更。

【注】 ①生死事大：佛教认为生死是无穷无尽的轮回，是世间众生最大的痛苦，犹如苦海。而佛教修行的终极目标解脱或涅槃，就是脱离轮回苦海。因此认为生死事大。先秦儒家也认为生死乃人生大事，《易传》提出原始反终、探究生死之说，但与佛教所说意义完全不同。②生死苦海：佛教认为，众生的生死受业力推动。众生无数世造业而受生，业未尽则死后还要受生，如此生来死去，死去活来，轮回不已，犹如苦海，故谓生死苦海。③思量即不中用：细细思量就不能见性。不中用指不能见性。思量乃就“言下”而言，言下即当下，表示顿然、顷刻之间。思量相当于细细琢磨的慢功夫，但五祖认为见性乃在顷刻之间，不属慢工出

细活之事，而是顿然、刹那之事，犹如电光火闪之间茅塞顿开、豁然开朗。思量好相对于顿悟而言则指一种与顿悟、直觉不同的思维方式。④神秀：生卒年约606～706。五祖弟子之一，禅宗北宗创始人。俗姓李，汴州尉氏（今属河南开封）人。时人称其为“两京法主，三帝门师”。逝后中宗赐谥“大通禅师”。著作有《大乘五方便》（一作《北宗五方便门》，又作《大乘无生方便门》）、《观心论》。⑤上座：这里指佛教寺院中的僧职名称，唐以前上座是全寺之长，唐以后禅宗寺院中位仅次于住持。⑥教授师：五种阿阇梨之一，是专门教授弟子威仪作法的轨范师。⑦供奉：官名，多由一些擅长文学、美术或各种技艺的人担任，专门供奉内廷。⑧变相：又作变像、变绘、变相图。略称变。指把佛教经典中故事用绘画、浮雕、雕塑等形式加以描绘，用以宣传教义。⑨五祖血脉：五祖指菩提达磨、慧可、僧璨、道信、弘忍五位禅宗祖师。血脉这里比喻五位祖师的师徒传承关系。⑩菩提树：原名荜钵罗树，相传释迦牟尼在此树下证得菩提，亦即悟道，故名菩提树。⑪宿业障：宿业指过去世所作的善恶业。佛教把人所想、所说、所做的一切都称之为业。业障指能障蔽正道的恶业。⑫圣意：这里指弘忍的心意。

【按】

这里五祖指出，若只求福德，而不求彻底脱离生死轮回苦海，迷失自心本有的觉悟本性，再多的福德也不可能解脱成佛。由此可见，当时寺院之中很多出家人也不明了佛教修行的根本价值和最高目标，而只是像现在很多到寺院烧香拜佛捐款的大众一样，只知为自己求福。好在当时寺院尚有像五祖那样的高僧，能为修行者点破。

在要求众弟子毕业考试以便决定付法传衣之前，五祖再次强调并提示，人本心自有觉悟、智慧之性，但见性只在顷刻刹那之间，是当下顿然之事，不能用细细琢磨思量的慢功夫，不属慢工出细活之事。正因为如此，所以即使在两军阵前刀兵相见性命相拼的紧张关头，也不影响耽误见性。如果见性需要慢工出细活，轮刀上阵的危急之际就不可能见性。“思量即不中用，见性之人，言下须见，若如此者，轮刀上阵，亦得见之。”这些话在敦煌本系列的《坛经》中并没有，但正是这些话十分形象地刻画了五祖认为见性只能是顿然而非渐然之事的主张，从而也为后文他对神秀之偈的否定做了充分的铺垫。如果没有上面这些话，后面对神秀偈的否定就总觉有些突兀。

神秀是同门的众望所归。经过四天艰难的内心斗争，神秀还是不敢直接把试卷面呈五祖，而是在更深人静时，悄悄地把自己心中所见写在墙壁上：身是菩提树，心如明镜台，时时勤拂拭，勿使惹尘埃。前两句把身比作菩提树和明镜台，是说人本有菩提自性，人心本来像明镜一样清净不染。后两句是说，人心本有的清净和觉悟之性，会受到后天的染污，所以要时时刻刻擦拭，不让它受到各种烦恼的染污。这个偈子不但符合原始佛教“心性本净，客尘所染”的一贯教义和大乘佛教众生悉有佛性的宗旨，而且与五祖本人所强调的人自有本心般若之性也不相背，似乎应该获得五祖认可。

“祖已知神秀入门未得，不见自性。天明，祖唤卢供奉来，向南廊壁间绘画图相。忽见其偈，报言：‘供奉却不用画，劳尔远来。经云：凡所有相，皆是虚妄①。但留此偈，与人诵持。依此偈修，免堕恶道②；依此偈修，有大利益。’

“令门人：‘炷香③礼敬，尽诵此偈，即得见性。’门人诵偈，皆叹善哉。

“祖三更唤秀入堂，问曰：‘偈是汝作否？’秀言：‘实是秀作，不敢妄求祖位，望和尚慈悲④，看弟子有少智慧否？’

“祖曰：‘汝作此偈，未见本性，只到门外，未入门内。如此见解，觅无上菩提⑤，了不可得。无上菩提，须得言下识自本心，见自本性，不生不灭。于一切时中，念念⑥自见，万法无滞，一真一切真，万境自如如⑦。如如之心，即是真实。若如是见，即是无上菩提之自性也。汝且去，一两日思惟，更作一偈，将来吾看。汝偈若入得门，付汝衣法。’

“神秀作礼而出。又经数日，作偈不成，心中恍惚，神思不安，犹如梦中，行坐不乐。

“复两日，有一童子⑧于碓坊⑨过，唱诵其偈。惠能一闻，便知此偈未见本性，虽未蒙教授，早识大意。遂问童子曰：‘诵者何偈？’童子曰：‘尔这獦獠不知。大师言：世人生死事大，欲得传付衣法，令门人作偈来看。若悟大意，即付衣法，为第六祖。神秀上座，于南廊壁上，书无相偈。大师令人皆诵，依此偈修，免堕恶道；依此偈修，有大利益。’

“惠能曰：‘上人⑩，我此踏碓八个余月，未曾行到堂前。望上人引至偈前礼拜。’

“童子引至偈前礼拜。惠能曰：‘惠能不识字，请上人为读。’

“时有江州别驾⑪，姓张名日用，便高声读。惠能闻已，遂言：‘亦有一偈,望别驾为书。’别驾言:‘汝亦作偈,其事希有。’惠能向别驾言:‘欲学无上菩提,不得轻于初学。下下人有上上智,上上人有没意智⑫。若轻人,即有无量无边罪。’别驾言:‘汝但诵偈,吾为汝书。汝若得法,先须度吾,勿忘此言。’

【注】 ①凡所有相,皆是虚妄:语出《金刚经》,意为一切现象都是虚幻不实的。②恶道:众生因造恶业而转生的苦恶处所,一般有地狱、饿鬼、畜生三种。③炷香:即焚香。④慈悲:慈是给予他人欢乐,悲是消除他人痛苦。慈悲是佛教修行的重要方法,是大乘佛教和菩萨的根本精神,没有慈悲就没有菩萨。⑤无上菩提:指佛所证得的智慧。证得无上菩提就是成佛。⑥念念:每一念,念指极短的时间。⑦万境自如如:万事万物本是真如实相。⑧童子:指寺院中未满二十岁、尚未正式出家的青少年。⑨碓坊:舂米的房子。⑩上人:指内有德智,外有胜行,在人之上者。后逐渐成为对出家人的尊称。这里是惠能对童子的尊称。⑪别驾:官名,是州长官刺史的佐吏。⑫没意智:意为无智慧。

【按】

五祖为什么一看偈就判定神秀“入门未得,不见自性”呢?这两句话并不是说神秀在佛法方面尚未入门,这不符合事实,而是突出他未见自性,也就是没有觉悟。“入门未得”可以理解为是指尚未入见性觉悟之门。

五祖如此判定的原因,不在神秀偈的前面两句,因为这两句并不违背五祖之意,而在后面两句:时时勤拂拭,莫使惹尘埃。如前所说,五祖认为见性“思量即不中用”,也就是说见性不是细细琢磨、磨铁成针、慢工出细活之事,而是电光火闪间的顿然之事。可是神秀却竟然说要“时时勤拂拭”!这个“时时”到底要多长时间?要“时时”到什么时候?如果正好碰上刀来剑去、殊死搏斗的紧急关头怎么办?这个时候还不立刻见性而是勤拂拭能管用吗?能出离生死苦海吗?

见性的方法既已走样,自然就无法见性。所以五祖说“汝作此偈,未见本性,只到门外,未入门内。如此见解,觅无上菩提,了不可得”。所谓“只到门外,未入门内”,也是就“觅无上菩提”亦即彻悟而言,而不是说连佛法之门都未入。五祖接着继续强调见性乃顿然之事,说“无上菩提,须得言下自识本心,见自本性”。所谓“言下”犹如“一说完”“话音刚落”,意为“当下”,表示顷刻、刹那之间。这里五祖把本心、本性当作一回事。

见性只在顷刻之间,那是否片刻之后即前功尽弃,退回原形,完全形同没有觉悟的凡夫俗子呢？见性虽只在刹那，但一见即永不退转，方可谓之“言下自见”。所以五祖说见性是“于一切时中，念念自见，万法无滞，一真一切真，万境自如如。如如之心，即是真实。若如是见，即是无上菩提之自性也。”也就是说，若真顿见本性，任何时候、每时每刻都能自见，对一切都无滞无碍，能透过任何一事物的真如实相，把握一切事物的真如实相。这时候的心就如同真如，就是真心，真如心，也就是自性所显的无上菩提，或朗现着无上菩提的自性。既然顿然见性之后无上菩提即时刻宛然朗现，那自然就根本不需要时时提防而“莫使惹尘埃”了。如果还需要时刻警惕“莫使惹尘埃”，那就意味着根本就没有见性。难怪五祖不认可神秀。

但神秀偈的前面两句毕竟没有偏离大乘佛法的本旨，也不违背五祖之意，而后两句虽然作为见性的方法被否定，但也并非不可作为非上机弟子渐修的方法，所以五祖对它并未全面否定，而是吩咐“但留此偈，与人诵持。依此偈修，免堕恶道；依此偈修，有大利益”。这些吩咐很有分寸，只说依此偈修可免堕恶道和得大利益，并不说可以见性成佛。可是，接下来的“尽诵此偈，即得见性”的命令，却让人颇费思量。既然此偈表明神秀本人见性的方法有误，那他人诵持此偈，怎么可能“即得见性”呢？是否此处“见性”另有它意？如果不是，难道另有深意？

瞻前顾后，仔细体会，可得二解。前面五祖刚刚对门下众弟子做了集体批评，认为他们整天只知道求福田，而忘了终极目标——脱离苦海，解脱成佛。如果这时只说诵持神秀偈可免堕恶道和得大利益，而不说能见性成佛，那吩咐他们都诵持此偈，与鼓励他们只求福田有何差别呢？所以后面补充说“即得见性”，正是一种方便说法，既可消除五祖自己前后教导之间暗藏的矛盾，又可鼓励弟子们尽心诵持，不得偷懒，毕竟他们的道行比上座弟子神秀还是差得太远，神秀偈对他们渐修还是大有裨益。此其一。其二，后文五祖许可惠能之偈已见性，但当众却故意说未见性，为的是避免惠能为人忌妒，遭人暗害。那么此处对众人说诵持神秀偈即得见性，就是意在让众人以为神秀已见性，将成为接班人，从而不再进一步关注惠能是否见性，惠能也就可以避免遭人妒害。不知这两个解释可否成立？

惠能一听童子唱诵神秀之偈，就知道神秀未见本性。那么，惠能将做出什么样的偈呢？

"惠能偈曰：

菩提本无树，明镜亦非台，

本来无一物，何处惹尘埃？

"书此偈已，徒众总惊，无不嗟讶，各相谓言：'奇哉！不得以貌取人，何得多时，使他肉身菩萨①。'

"祖见众人惊怪，恐人损害，遂将鞋擦了偈，曰：'亦未见性。'众以为然。

"次日，祖潜至碓坊，见能腰石舂米，语曰：'求道之人，为法忘躯，当如是乎！'乃问曰：'米熟也未？'惠能曰：'米熟久矣，犹欠筛在②。'

"祖以杖击碓三下而去。惠能即会祖意，三鼓入室。祖以袈裟遮围，不令人见，为说《金刚经》。至'应无所住而生其心③'，惠能言下大悟，一切万法④不离自性。遂启祖言：'何期自性，本自清净；何期自性，本不生灭；何期自性，本自具足；何期自性，本无动摇；何期自性，能生万法。'

"祖知悟本性，谓惠能曰：'不识本心，学法无益；若识自本心，见自本性，即名丈夫、天人师⑤、佛。'"

【注】 ①肉身菩萨：又称生身菩萨，指以父母所生的身体而达到菩萨修行阶位的人。肉身菩萨在入寂后可得全身舍利。②米熟久矣，犹欠筛在：双关语。五祖之问"米熟也未"也是双关语，是问惠能"是否证悟了"，惠能答"米熟久矣，犹欠筛在"，即早已证悟了，还需要师父的验证，这就像舂好的米还需要筛干净一样。③应无所住而生其心：应该不住著于任何事物而生心。④万法：这里指一切事物。⑤丈夫、天人师：丈夫，这里是"调御丈夫"的简称。"调御丈夫"是佛的十大名号之一，意为佛能调御一切可度的丈夫，使他入修道。天人师，也是佛的十大名号之一，意指佛陀是天众和人众的佛法教师。

【按】

这一部分的叙述绘声绘色，生动细腻，颇富文学色彩。"祖以杖击碓三下而去。惠能即会祖意，三鼓入室。"这让人想起几百年之后《西游记》中美猴王三更密见菩提祖师求道的情节。

众人一见惠能之偈就惊叹，认为他已成肉身菩萨，似乎意识到他已见性。多亏五祖第一时间赶到现场，见机行事，说"亦未见性"，才平息众人的猜疑。

惠能之偈与神秀之偈难道真有那么大的差别，连道行平平的众弟子都能一眼识别孰高孰低？从文字表面上看，惠能之偈确实与神秀之偈句句相反。但是如果仅仅从般若思想的角度来看，惠能之偈所说，也不过是诸法实相毕竟空、万法皆虚妄不实这些大乘佛教最基本的常识，而根本就没有触及到“一切众生悉有佛性”这一涅槃佛性说的核心教义，这怎么能说比神秀之偈高明呢？神秀偈至少还承认了人人本有清净本心、菩提自性，承认了众生悉有佛性。如果说众弟子是瞎起哄，难道五祖也凑热闹？

怎么能说明惠能的偈是见性之偈？

不能仅从缘起性空的本体论（为方便表达，权且借用这个哲学术语，虽然佛学的缘起法与西方哲学传统的本体论旨趣迥异）上来看，还要进一步从证悟实相的境界来看。惠能之偈不能仅仅理解为是对诸法缘起性空、虚幻不实这一佛学基本常识的简单重复，而要进一步理解为是他对自己见性彻悟之境界的表达。依五祖之言，见性即意味着“万法无滞，一真一切真，万境自如如。如如之心，即是真实”。也就是说，见性者能照见而不是从理上说一切法，包括菩提和如如之心，都是虚幻不实，都是真如实相。因为所谓实相就是无相。从俗谛观，万法是真如实相；从真谛观，万法皆虚幻不实。既然惠能已经见性，当然就不必要再像神秀那样，为了求见性而“时时勤拂拭，莫使惹尘埃”了。

虽然五祖根据他自己的思想判定惠能见性而神秀未见性，虽然惠能自己也说神秀偈未见性，但并不能由此即认为惠能偈是对神秀偈的直接否定。惠能“菩提本无树，明镜亦非台”并不构成对神秀“身是菩提树，心如明镜台”的反对，因为惠能不可能否定这两句话中所包含的人心本来清净、人本有菩提自性、众生悉有佛性这些观点。惠能不过是用否定遮诠的方式表达这些观点罢了，而神秀用的则是肯定表诠的方式。两个人一正一反、一空一有，合起来就是空有不二的中道正观。惠能的表达是空谛，神秀的表达是假谛，空不碍假，假不障空，空假一如。因此两人并非互相反对。

神秀“时时勤拂拭，莫使惹尘埃”说的是见性或平时修行的方法，而惠能“本来无一物，何处惹尘埃”道的是见性的境界，两人所说根本就不是同一件事，因此虽然文字相反，但在意义上并非势不两立，而是可以并存不悖。这种并存与五祖和惠能对神秀见性方法的否认并不冲突。

虽然惠能之偈是见性后的境界之语，但见性者不会只有否定的遮诠而没有肯定的表诠，不会只有空谛而没有假谛，否则就堕入恶趣空的断见邪道。再说，惠能的遮诠也是因为随顺神秀偈而方便表达的缘故。所以随后五祖为他解说

《金刚经》,听到"应无所住而生其心"时,马上就大悟:一切万法不离自性。这就是向肯定表诠的方向靠拢。前面只是遮诠说"本来无一物",这里才肯定的提出万法"不离自性"。因为这里说惠能因听经而"大悟",所以很多人就认为惠能原来的偈并非真正的证悟,并非真正的见性,而是要到五祖为他秘密讲解《金刚经》时才真正见性彻悟。但是我们不必否认惠能前面是真正见性彻悟,因为这里的"大悟"可以看作是指对肯定的表诠自性这一表达方式的大悟,而不一定是指到这时才真正见性。前面因为随顺神秀偈而只用否定遮诠的方式,这时又醒悟可以同时用肯定表诠的方式,二者并行不悖,空假不二。所以接着对五祖用了一连串肯定的表诠:自性本自清净,本不生灭,本自具足,本无动摇,能生万法。试问,自性本自清净与神秀的"身是菩提树,心如明镜台"要旨有何差别?自性与本心是一回事,本自清净就是说本心本来清净无染,人身本有菩提自性,菩提也是清净无染。清净无染就是真如实相,实相非相,故自性本无生灭;如如不动,故自性本无动摇。万法不离真如自性,离真如自性则无万法,静态地说即自性本自具足,动态地说即自性能生万法。自性生万法是指万法依自性而显现,显现犹如生,不显现则犹如灭。依赖真如自性而显现万物,不能视为依赖某个实体那样产生万物,否则即有违缘起性空之教而堕入承认诸法实有的小乘或外道之见。

很多人一直以为,惠能上述那些大悟后对自性的肯定表诠,与"应无所住而生其心"的含义似乎风马牛不相及。这里试做解释。先排除一种解释。此解释认为这里只是说五祖讲到"应无所住而生其心"这一句时,恰好就在这个时刻,惠能顿然大悟了,而不是说惠能正是因为"应无所住而生其心"这一句话的意义而当下大悟,这里强调的是大悟的时机,而不是大悟的原因。之所以不取这种解释,不是说它全无道理,而是因为《金刚经》"无所住"思想恰恰是惠能"无住为本"这一核心思想的源头之一。因此,我们宁愿先承认惠能的大悟与"应无所住而生其心"这句话在意义上的内在关联。"应无所住而生其心"意为应该不住著于任何事物而生心,心指清净心。之所以不应该住著于任何事物而生清净心,按《金刚经》说,是因为"诸相非相""凡所有相皆是虚妄",因为任何事物都是性空假有。而"诸相非相"就是真如实相,"无所住""不取于相"即是如如不动。惠能既然以自性本心为真如,那他听到"应无所住而生其心"时而当下大悟,肯定地表诠出"一切万法不离自性""自性本自清净"等语,不是水到渠成,自然而然吗?两者怎么会成风马牛呢?这里惠能所做的只是把自性和真如合而为一罢了。

所以五祖听后，再次肯定惠能已悟本性，并不厌其烦地强调："不识本心，学法无益。若见自本心，即成佛。"五祖视本心本性为一，见自本心即见本性。见性即成佛。这里没有再说见性要顿然，并非放弃了这一说法，只是因为这里是对惠能说，而惠能已见性，所以没有必要再强调见性的顿然性。

"三更受法，人尽不知，便传顿教[①]及衣钵。云：'汝为第六代祖，善自护念，广度有情[②]，流布将来，无令断绝。听吾偈曰：

有情来下种，因地果还生，
无情既无种，无性亦无生。[③]

"祖复曰：'昔达磨[④]大师，初来此土，人未之信，故传此衣，以为信体，代代相承。法则以心传心，皆令自悟自解。自古佛佛惟传本体，师师密付本心。衣为争端，止汝勿传。若传此衣，命如悬丝。汝须速去，恐人害汝。'

"惠能启曰：'向甚处去？'祖云：'逢怀则止，遇会则藏[⑤]。'

"惠能三更领得衣钵，云：'能本是南中人，素不知此山路，如何出得江口？'五祖言：'汝不须忧，吾自送汝。'

"五祖送至九江驿。祖令上船，五祖把橹自摇。惠能言：'请和尚坐，弟子合摇橹。'祖云：'合是吾渡汝。'惠能云：'迷时师度，悟了自度，度名虽一，用处不同。惠能生在边方，语音不正，蒙师传法，今已得悟，只合自性自度。'祖云：'如是，如是。以后佛法，由汝大行。汝今好去，努力向南。不宜速说，佛法难起。'

【注】 ①顿教：顿悟成佛的教法。此法主张无须经过长期修行，只要当下体验到自己的本心本性，即可成佛。"顿教"是后来惠能弟子对其南宗禅法的称谓。②有情：又译为众生。关于"有情"与"众生"的关系，众说不一。一种说法认为，"有情"指人类、诸天、饿鬼、畜生、阿修罗等一切有感情、意识的生物，与此相反，草木金石、山河大地等就是非情、无情；而"众生"则包括有情与非情二者。另一种说法则认为，"有情"是"众生"的异名，二者都包括有情的生物和无情的草木等。本经中的"有情"都特指人。③有情来下种，因地果还生，无情既无种，无性亦无生：种指成佛的种子，亦即佛性，因指成佛果之因，亦即佛性，果指佛果。这四句是说，只有有情才有佛性，才能成佛，无情无佛性，不能成佛。④达磨：即菩提达磨（？～535），也作菩提达摩。中国禅宗奉其为禅宗初祖，西天第二十八祖。菩提达磨以四卷本的《楞伽经》传授弟子。⑤逢怀则止，遇会则藏：这是谶语，也称为悬记，是对未来之事的

暗示预言。怀指怀集县，今广西梧州。会指四会县，今广东新会。这个谶语暗示惠能以后适宜活动于这两个地区。

【按】

这里五祖点出禅宗以心传心的特色，再次强调成佛须自悟本心自性的禅门宗旨。所谓以心传心，就是教人自悟各自本心。

“惠能辞违祖已，发足南行。两月中间，至大庾岭[①]。逐后数百人来，欲夺衣钵。一僧俗姓陈，名惠明，先是四品将军，性行粗糙，极意参寻[②]，为众人先，趁及惠能。惠能掷下衣钵于石上，云：‘此衣表信，可力争耶?’能隐草莽中。惠明至，提掇不动。乃唤云：‘行者！行者！我为法来，不为衣来。’

“惠能遂出，坐盘石上。惠明作礼云：‘望行者为我说法。’惠能云：‘汝既为法而来，可屏息诸缘，勿生一念[③]，吾为汝说。’

“明良久，惠能云：‘不思善，不思恶，正与么时，那个是明上座本来面目[④]?’

“惠明言下大悟。复问云：‘上来密语密意外，还更有密意否?’惠能云：‘与汝说者，即非密也。汝若返照，密在汝边。’明曰：‘惠明虽在黄梅，实未省自己面目。今蒙指示，如人饮水，冷暖自知。今行者即惠明师也。’惠能曰：‘汝若如是，吾与汝同师黄梅，善自护持。’明又问：‘惠明今后向甚处去?’惠能曰：‘逢袁则止，遇蒙则居[⑤]。’明礼辞。

【注】 ①大庾岭：在今江西省大庾县南、广东省南雄县北，五岭之一，是古代南北交通的关口。②极意参寻：费劲心思追踪寻找。③屏息诸缘，勿生一念：排除内心所认取、追逐的一切现象，不生起任何杂念。④本来面目：指人赖以成佛的本心自性。也可以指诸法毕竟空、本来清净真如实相等。⑤逢袁则止，遇蒙则居：这也是谶语。后来惠明居住在袁州蒙山，在今江西宜春。

【按】

“不思善，不思恶，正与么时，那个是明上座本来面目。”这句话后来成为南宋初年开始盛行的“看话禅”参究的著名话头。所谓看话禅，就是专就一则古人的话头，久久真实参究，直至终于获得开悟。

“惠能后至曹溪[①]，又被恶人寻逐，乃于四会避难猎人队中，凡经一十五载。时与猎人随宜说法[②]。猎人常令守网，每见生命，尽放之。每至饭时，以菜寄煮肉锅。或问，则对曰：‘但吃肉边菜。’

“一日思惟：‘时当弘法，不可终遯。’遂出至广州法性寺[③]。值印宗法师[④]讲《涅槃经》[⑤]。时有风吹幡动。一僧曰‘风动’，一僧曰‘幡动’，议论不已。

“惠能进曰：‘不是风动，不是幡动，仁者心动。’

“一众骇然。印宗延至上席，征诘奥义。见惠能言简理当，不由文字。宗云：‘行者定非常人。久闻黄梅衣法南来，莫是行者否？’惠能曰：‘不敢！’

“宗于是作礼，告请传来衣钵，出示大众。

“宗复问曰：‘黄梅付嘱？如何指授？’惠能曰：‘指授即无。惟论见性，不论禅定解脱。’宗曰：‘何不论禅定解脱？’能曰：‘为是二法，不是佛法。佛法是不二[⑥]之法。’宗又问：‘如何是佛法不二之法？’惠能曰：‘法师讲《涅槃经》，明佛性是佛法不二之法。如高贵德王菩萨白佛言：犯四重禁[⑦]，作五逆罪[⑧]，及一阐提[⑨]等，当断善根佛性否？佛言：善根有二，一者常[⑩]，二者无常。佛性非常非无常，是故不断，名为不二。一者善，二者不善，佛性非善非不善，是名不二。蕴之与界[⑪]，凡夫见二，智者了达其性无二。无二之性，即是佛性。’

“印宗闻说，欢喜合掌[⑫]，言：‘某甲[⑬]讲经，犹如瓦砾。仁者论义，犹如真金。’于是为惠能剃发，愿事为师。惠能遂于菩提树下，开‘东山法门[⑭]’。

“惠能于东山得法，辛苦受尽，命似悬丝。今日得与史君、官僚、僧尼道俗同此一会，莫非累劫之缘，亦是过去生中供养诸佛，同种善根，方始得闻如上顿教得法之因。教是先圣所传，不是惠能自智。愿闻先圣教者，各令净心。闻了各自除疑，如先代圣人无别。”

一众闻法，欢喜作礼而退。

【注】 ①曹溪：在今广东省韶关市南二十公里处，面对北江支流曹溪。曹溪河位于韶州（今广东曲江县东南），发源于狗耳岭，西流与溱水汇合，因为经过曹侯冢，故又称曹侯溪。

梁天监元年(502)天竺婆罗门三藏智药到曹溪口,饮其水而知此源为胜地,于是劝村人建寺,又因为其地似西国的宝林山,故称宝林寺。智药预言,170年后有肉身菩萨于此开演无上法门,得道者如林。至唐仪凤二年(677)春,六祖慧能从弘忍得法后,从印宗剃发、受具足戒而归宝林寺,大弘法化,人称曹溪法门。曹溪因此成为六祖惠能和禅宗南宗的代称。②随宜说法:根据不同条件和听众的爱好、理解接受能力等而灵活方便地宣讲教义。③法性寺:位于广州西北部。今称为光孝寺。④印宗法师:生卒年 627~713,吴郡(江苏吴县)人。唐咸亨元年(670)抵京师,敕居大敬爱寺,恳辞不受,往蕲春参谒弘忍大师。精通《涅槃经》。⑤《涅槃经》:全称《大般涅槃经》,北凉昙无谶译,四十卷,也称《北本涅槃经》。收于《大正藏》第十二册。异译本有东晋法显与佛陀跋陀罗译的《大般泥洹经》六卷。南朝宋慧严、慧观与谢灵运等以昙无谶译本为主,并依法显等译本改编成《大般涅槃经》三十六卷,世称《南本涅槃经》。本经主要阐述佛身常住不灭,涅槃常乐我净,一切众生悉有佛性等大乘佛教思想。⑥不二:又作无二、离两边。指对一切现象应无分别,或超越各种区别。是真如、法性的别名,指一实之理,妙寂离相,如如平等,无有彼此。⑦四重禁:全称四重禁戒,略称四重,又作四重罪、四波罗夷罪。指杀、盗、淫、大妄语等四戒所禁的四种根本重罪。⑧五逆罪:五种极悖逆于理的罪恶,即杀父、杀母、杀阿罗汉、出佛身血、破坏和合僧。因为这五种是极端罪恶的行为,任犯一种,即堕无间地狱,故又名无间业。这是小乘所说的五逆罪。大乘有不同说法。⑨一阐提:指不信佛教、断灭一切善根、不做任何善事的人。⑩常:永远不变。⑪蕴之与界:指五蕴和十八界。五蕴包括色、受、想、行、识。十八界,是眼、耳、鼻、舌、身、意等六根,色、声、香、味、触、法等六尘,眼识、耳识、鼻识、舌识、身识、意识等六识的合称。六识由六根六尘相对而生。界有差别、体性、原因等义。十八界把宇宙一切存在分析成上述十八种要素。⑫合掌:又作“合十”。即两掌十指合拢,以表示心思专一的恭敬。本为印度自古所行的礼法,佛教沿用。⑬某甲:既可指他人,也可指自己。这里是指自己。⑭东山法门:东山,指湖北黄梅县双峰山东面的冯墓山,弘忍在此建东山寺弘法,所以称他的禅法为“东山法门”。

【按】

佛法慈悲为本,以不杀生为诸戒之首。无奈惠能因受五祖付法传衣,竟遭同门恶人嫉妒追杀,而且不得不避难于终日猎杀的猎人之中。惠能在这种杀气腾腾之中,十五年坚持修行,放生,吃肉边菜,因地制宜,随机应变,为猎人宣说佛法。

风动幡动之争,我国哲学原理教科书素喜引以为主观唯心论的典型。佛教固然从不回避其万法唯心的宗旨,但这种唯心实际上与西方哲学中的唯心主义大异其趣。此处且不赘言。从本体论的角度来看,可以方便说"仁者心动"包含了唯心之意。但若跳出本体论的牢笼而转从境界论来看,则所谓"不是风动,不是幡动,仁者心动"之言,实在透露的是修行境界的高低。契合真如实相的如如之心,于万法皆无所动。

惠能继承五祖心法,只论见性成佛,反对传统佛教的解脱观,也反对传统佛法对于禅定的一些见解,其中当然有当时社会和佛教内部等内外环境的缘故,此处且不赘述,只论惠能在经中给出的理由。惠能认为禅定解脱是二法,亦即分别法,而不是佛法,因为佛法是不二之法。这并不是惠能的创新,而是佛教固有的看法。所谓二,就是有分别,不二,就是无分别。佛教的最高智慧,就是无分别智。惠能所说的佛性非常非无常,非善非不善,就是不二。常是一面,无常是其对立面;善是一面,不善是其对立面。承认常或善的概念,就必须承认无常或不善的概念,反之亦然。因此不管承认哪一面,都会有二亦即有分别。而佛性本是中道,不著二边,所以只有两面都否定,也就是非常非无常、非善非不善,才能无二亦即无分别,才是佛性。这种中道佛性论本是《涅槃经》的一个重要思想。

这一品除了叙述惠能求法、得法及在法性寺开讲佛法的因缘等,还突出了惠能所继承的东山法门的核心——见性即成佛,见性须顿然。但是,如何才能够达到或实现顿然见性呢?惠能在东山五祖处学佛只八个多月,他是如何做到顿然见性的呢?这些本品都没有交待。

见性是否要借助渐渐的修行才能达到?抑或见性本身就是修行,见性与修行本是一回事?换句话说,是否见性是修行所要达到的目的,而修行是达到见性所必需的手段?还是根本就没有这种目的手段之分,而是目的即手段,手段即目的?继承五祖衣钵的惠能,会如何对待这些问题呢?

般若第二

次日,韦使君请益[1]。师升坐,告大众曰:"总净心念摩诃般若波罗蜜多。"复云:"善知识,菩提般若之智,世人本自有之。只缘心迷,不能自悟,须假大善知识示导见性。当知愚人智人,佛性本无差别,只缘迷悟不同,所以有愚有智。吾今为说摩诃般若波罗蜜法,使汝等各得智慧。志心谛听,吾为汝说。

"善知识,世人终日口念般若,不识自性般若,犹如说食不饱。口但说空[2],万劫不得见性,终无有益。善知识,摩诃般若波罗蜜是梵语,此言大智慧到彼岸。此须心行,不在口念。口念心不行,如幻如化,如露如电。口念心行,则心口相应。本性是佛,离性无别佛。何名摩诃?摩诃是大,心量广大,犹如虚空,无有边畔,亦无方圆大小,亦非青黄赤白,亦无上下长短,亦无瞋无喜,无是无非,无善无恶,无有头尾。诸佛刹土[3],尽同虚空。世人妙性本空,无有一法可得。自性真空,亦复如是。

"善知识,莫闻吾说空,便即著空[4]。第一莫著空,若空心静坐,即著无记空[5]。善知识,世界虚空,能含万物色像。日月星宿,山河大地,泉源溪涧,草木丛林,恶人善人,恶法善法,天堂地狱,一切大海,须弥诸山[6],总在空中。世人性空,亦复如是。

"善知识,自性能含万法是大,万法在诸人性中。若见一切人恶之与善,尽皆不取不舍,亦不染著,心如虚空,名之为大,故曰摩诃。

【注】 ①请益:已受教诲,还想再进一步请教,称为"请益"。惠能之后,向寺院中的住持请益有一定的程序仪式。②空:是梵文 śūnya 的意译,音译舜若;它对应的名词形式梵文是 śūnyatā,意译为"空性",音译舜若多。空是佛学最重要的概念之一。空的含义是无自性,即无常一主宰的实体,一般也可称之为"无我"。中观学派把空义概括为缘起性空。空

并不是说什么都没有，只是说没有自性。没有自性的事物佛教称之为假有，即虚幻不实的存在。空的事物就是假有的事物，假有的事物就是空的事物，此即“空即是色，色即是空”。空即是假有，假有即是空，空有不二，这就是中道。大乘佛教以及惠能所说的空，都是中道空。所以佛教说万物皆空并不是指万物皆无，万物都不存在，而是说万物都是无自性的假有。说万物皆空不但不意味着什么都有，反而意味着什么都有，只不过都是假有而已。如果认为连假有都没有，都不存在，那就不是空，而是绝对虚无，佛教称之为“恶趣空”“断灭空”。佛教也把事物的性空称之为“自性清净”，意为万法皆空，本来即清净。既然一切事物的生住异灭等现象都是虚幻不实的，本来没有这些，那就意味着它们本来是清净的。证悟诸法空性就意味着成佛，而成佛也可以说就是获得清净。③刹土：梵文音、意译的合称，意为国土。④著空：执著于空，指堕于虚无，而不知假有，这就违背了中道空义。是修行的大障。⑤无记空：指没有任何分别的空。⑥须弥诸山：须弥山，梵文音译，意译为“妙高山”等。此山是印度神话中处于世界中心的最高山，在佛教宇宙观中，是一“小世界”的中心，山形上下皆大，中央独小，四王天居山腰四面，忉利天居山顶，是帝释天居处。须弥诸山指各个小世界的须弥山。

【按】

惠能把自己所教的佛法称之为摩诃般若波罗蜜法。但他所说的空义，基本含义与般若空和龙树中观学派的中道空并没有什么不同。龙树《中论·观四谛品第二十四》说：“以有空义故，一切法得成。若无空义者，一切则不成。”这也就是从“世界虚空，能含万物色像”至“一切大海，须弥诸山，总在空中”这一段话的含义。不过惠能此处是用虚空的空间来比喻佛教所说的空，空能使一切法得成，就好像空间能容纳世界万物一样。但这也是《般若经》中早已用过的比喻。为什么“以有空义故，一切法得成”呢？因为佛教认为一切事物或存在都是缘起的，亦即都是因缘和合而生，因缘离散而灭，没有因缘和合，就没有任何事物。龙树把这种思想概括为缘起性空。说事物是缘起，就是说它们是空；说事物是空，就是说它们是缘起。既然有了因缘和合才有事物的产生和存在，那也就是说有了空性才有事物的产生和存在。当然任何因缘本身也是事物，因而也是缘起性空。事物是缘起，就意味着它们是存在的，而不是什么都没有的虚无；缘起即性空，所以虽然是存在的，但又是无自性的存在，亦即虚幻不实的存在，这样的存在又称之为“假有”。说事物是空，就是说它是假有；说事物是假有，就是说它是空。这就是空假不二的中道。

既然说世界是空并不是说它虚无不存在，所以惠能说“莫闻吾说空便即著空”，即不要执著于空，否则便永远不能成佛。这也是龙树早就有的思想。《中论·观行品第十三》说：“大圣说空法，为离诸见故。若复见有空，诸佛所不化。”大意是说，佛宣说空义，是为了消除我们的一切邪见，如果因为佛说空而起空见，执著于空，认为什么都是虚无，那就不可救药了。但世界既然是假有，亦即虚幻不实的存在，我们对世界万物就不能执著，执著于假有就见不到它本性是空。当然也不能舍弃它们，舍弃了假有不但见不到真空，反而会堕入顽空、恶趣空，永远也不能成佛，因为空假不二，没有假也就没有空。所以惠能说：“若见一切人恶之与善，尽皆不取不舍，亦不染著，心如虚空，名之为大。”惠能所说也是中道空义。

但是惠能所说的空不仅仅如此。他在此注重就人心、自性说空。他说“心如虚空”，“自性真空”，自性“无有一法可得”但又“能含万法”，所以心和自性都名为大，亦即摩诃。把空移到人心自性上说，那么成佛也就在于人心自性，不用向外寻求。他说“本性是佛，离性无别佛”。不但空是自性真空，般若也是自性般若，所以惠能强调：“不识自性般若，犹如说食不饱。口但说空，万劫不得见性，终无有益。”所谓“口但说空”，是说只是口说但内心不实修。这些都是惠能禅法的核心思想。

像大乘涅槃思想一样，惠能也认为众生本有佛性，本有菩提般若之智，一律平等，只是因为迷悟不同，才有愚智之别，迷者愚，悟者智。但既然众生都本有佛性和智慧，为什么又会迷而成愚呢？我们要自己思考这个问题，如果惠能没有给出答案的话。

“善知识，迷人口说，智者心行。又有迷人，空心静坐，百无所思，自称为大。此一辈人，不可与语，为邪见①故。

“善知识，心量广大，遍周法界②，用即了了分明，应用便知一切。一切即一，一即一切③，去来自由，心体无滞，即是般若。

“善知识，一切般若智，皆从自性而生，不从外入，莫错用意，名为真性自用。一真一切真④。心量大事，不行小道。口莫终日说空，心中不修此行，恰似凡人，自称国王，终不可得，非吾弟子。

“善知识，何名般若？般若者，唐言智慧也。一切处所，一切时中，念念不愚，常行智慧，即是般若行。一念愚即般若绝，一念智即般若生。世人愚迷，不见般若。口说般若，心中常愚。常自言我修般若，念念说空，不识真空。般若无形相，智慧心即是。若作如是解，即名般若智。

“何名波罗蜜？此是西国语，唐言到彼岸，解义离生灭[5]。著境生灭起，如水有波浪，即名为此岸；离境无生灭，如水常流通，即名为彼岸，故号波罗蜜。

“善知识，迷人口念，当念之时，有妄有非。念念若行，是名真性。悟此法者，是般若法；修此行者，是般若行。不修即凡，一念修行，自身等佛。

“善知识，凡夫即佛，烦恼[6]即菩提。前念迷即凡夫，后念悟即佛。前念著境即烦恼，后念离境即菩提。

【注】 ①邪见：有广义和狭义两种。从广义来说，凡是不合佛法的见解都被佛教称之为“邪见”。狭义的是指六大根本烦恼之一恶见中的“邪见”。这里是就广义而言。②法界：有两个基本含义，一是泛指一切事物和现象，二是指事物或现象的根据或本质，这种含义的法界又称之为真如、法性、实相、实际等。这里是第一种含义。③一切即一，一即一切：这是佛教中一个著名的命题，华严宗对它有专门的解释。这个命题所讨论的相当于哲学上的一多关系问题。一指法性或真如或普遍本质，一切指一切事物。一切事物的法性或真如或普遍本质都一样，称之为一切即一；法性或真如或普遍本质是一切事物的最终依据，一切事物都离不开它，故称之为一即一切。惠能这里是收于心而言，一心能含现一切，一切都不离于一心，所以说一即一切，一切即一。④一真一切真：这里也是就心或自性而言。一指自性或本心。一切都不离自性，自性能显现一切，而自性本真，故一切也都是真。⑤离生灭：这里是对波罗蜜内涵的进一步解释。波罗蜜的意思是到彼岸，而所谓到彼岸就是指脱离生死轮回的苦海，所以“离生灭”就是指脱离生死轮回。⑥烦恼：妨碍实现觉悟、解脱的一切意识通称为烦恼。自其作用而言，有惑、随眠、缠、盖、结、缚、漏、取、系、使、垢、瀑流、轭、尘垢、客尘等各种名称。一般以贪、嗔、痴三者为一切烦恼的根源。

【按】

这里强调般若智不过是人的本心自性之用，所以只要广大心量，在任何时候任何地方，时时刻刻都心不迷惑，不愚昧，就是般若行，就是佛。

佛与凡夫、菩提与烦恼本性无二，凡夫性空就是佛，烦恼性空就是菩提，离凡夫无佛，离烦恼无菩提，就像离假有就没有空一样。所以说“凡夫即佛，烦恼即菩提”。这也是大乘佛教的一贯教义。如，龙树《中论·观缚解品第十六》说“不离于生死，而别有涅槃，实相义如是，云何有分别。”《观如来品第二十二》说“如来所有性，即是世间性。如来无有性，世间亦无性。”《观涅槃品第二十五》说“涅槃与世间，无有少分别；世间与涅槃，亦无少分别。涅槃之实际，及与世间际，如是二际者，无毫厘差别。”但是惠能在此特别注重从主体的迷悟和心念的著离来讲凡夫与佛和烦恼与菩提之间的不一不异的关系。一念迷就是凡夫，一念悟就是佛。念念不住著于事物就是菩提，一念住著就是烦恼。

然而，根本性的问题在于，怎样才能做到悟而不迷呢？怎样才能做到念念不住著于事物呢？当然，惠能说，只要发挥自性般若就行了，般若自会荡相遣执。但我们如何才能发挥自性般若呢？我们不但不能忘了这个根本性的问题，而且还要学会自己思考这个问题。

“善知识，摩诃般若波罗蜜，最尊最上最第一，无住无往亦无来，三世诸佛①从中出。当用大智慧，打破五蕴②烦恼尘劳③。如此修行，定成佛道，变三毒④为戒定慧⑤。

“善知识，我此法门，从一般若生八万四千⑥智慧。何以故？为世人有八万四千尘劳。若无尘劳，智慧常现，不离自性。悟此法者，即是无念。无忆无著，不起诳妄，用自真如性，以智慧观照，于一切法，不取不舍，即是见性成佛道。

【注】 ①三世诸佛：三世佛有两种。一是指过去、现在、未来三世佛。过去佛指迦叶佛，现在佛指释迦牟尼佛，未来佛指弥勒佛，这是“竖三世佛”。二是指三个世界的佛，东方净琉璃世界的药师佛，娑婆世界的释迦牟尼佛，西方极乐世界的阿弥陀佛，这是“横三世佛”。这里的三世诸佛指一切佛。②五蕴：又称五聚、五众、五阴。指构成人的五种要素色、受、想、行、识。这里指代人。③尘劳：烦恼的异称。因烦恼能染污心，就像尘垢扰乱身体一样疲惫。④三毒：即贪、嗔、痴三大根本烦恼，是一切烦恼的根源。因为三者能破坏出世善心，毒害人们的身命与慧命，故名三毒。⑤戒定慧：佛教所谓的“三学”。戒是戒止恶行，定是定心一处，慧是破妄证真。持戒清净心则安，心安则可得定，得定则可观照分明而生智慧，这叫做“以戒资定，以定发慧”。持此戒定慧三法，能对治三毒，成就佛果，所以又叫做“三无漏学”。佛教经典通常分为经、律、论三藏，即分别对应于定学、戒学、慧学三学。⑥八万四千：印度人常用的一种习惯语，形容数量极多，并非指确定数目。

【按】

般若为诸佛之母，般若波罗蜜为般若行之根本，这是《般若经》和《金刚经》的基本观点。所谓“无住无往亦无来”，意为般若智慧不住著于任何事物，无论是过去现在还是未来。

没有烦恼就可智慧常现，不离自性佛，了悟这点就可无念。运用自性真如，运用智慧观照一切诸法实相，对于一切事物不取不舍，这就是见性成佛。惠能反复强调他的这些基本思想。但关键的问题还是，如何才能够去除烦恼让本有的自性智慧常现？如何才能做到用智慧观照一切法的实相？

“善知识，若欲入甚深法界及般若三昧[①]者，须修般若行，持诵《金刚般若经》，即得见性。当知此经功德无量无边。经中分明赞叹，莫能具说。此法门是最上乘，为大智人说，为上根人说。小智小根人闻，心生不信。何以故？譬如大龙下雨于阎浮提[②]，城邑聚落，悉皆漂流，如漂草叶；若雨大海，不增不减。若大乘人，若最上乘人，闻说《金刚经》，心开悟解，故知本性自有般若之智，自用智慧，常观照故，不假文字。譬如雨水，不从天有，元是龙能兴致，令一切众生，一切草木，有情无情，悉皆蒙润。百川众流，却入大海，合为一体。众生本性般若之智，亦复如是。

“善知识，小根之人，闻此顿教，犹如草木根性小者，若被大雨，悉皆自倒，不能增长。小根之人，亦复如是。元有般若之智，与大智人更无差别，因何闻法不自开悟？缘邪见障[③]重，烦恼根深。犹如大云覆盖于日，不得风吹，日光不现。般若之智亦无大小，为一切众生自心迷悟不同。迷心外见，修行觅佛，未悟自性，即是小根。若开悟顿教，不执外修，但于自心常起正见，烦恼尘劳，常不能染，即是见性。

“善知识，内外不住，去来自由，能除执心，通达无碍，能修此行，与《般若经》本无差别。

“善知识，一切修多罗[④]及诸文字，大小二乘[⑤]，十二部经[⑥]，皆因人置。因智慧性，方能建立。若无世人，一切万法本自不有。故知万法本自人兴，一切经书，因人说有。缘其人中，有愚有智，愚为小人，智为大人。愚者问于智人，智者与愚人说法。愚人忽然悟解心开，即与智人无别。

【注】 ①般若三昧:指由般若智慧而入的正定。三昧,音译,意译为定,指专注一境,心不散乱。②阎浮提:梵文音译,也译作赡部洲,指我们人类现在所住的娑婆世界。③障:"烦恼"的异名,烦恼能障碍我们解脱成佛,故称"障"。④修多罗:梵文音译,意译为"经""契经"。⑤大小二乘:大乘佛教和小乘佛教。小乘视释迦为教主,大乘则提倡三世十方有无数佛。小乘仅否定人我的实在性,大乘还否定法我的实在性。小乘以自己的解脱为主要目标,是声闻、缘觉之道。大乘是自利利他的菩萨道。小乘实际上是大乘佛教兴起后对以前佛教的蔑称,实际上小乘佛教的很多思想是所有佛教的共同的基础。⑥十二部经:佛陀所说法,依其叙述形式与内容分成十二种类。又作十二分教、十二分经等。这里泛指一切佛典。

【按】

就像龙本身能致雨而不是从天所降一样,一切众生本性自有般若之智,根本就不是假借文字语言的教导才有,只要开悟了,就可以自己运用,时时观照。因此大乘大智与小根小智之人的区别,不在于自性般若的有无,也不在于自性般若智的大小,而在于各人能不能运用般若,常起观照。而能否运用常照的关键,取决于是迷还是悟。而小根小智之人之所以闻说《金刚经》这一最上乘法门而不能像大乘大智之人那样开悟,就在于其烦恼太重且根深蒂固。但是,为什么小根小智之人会被深重的烦恼所障碍而不能闻法开悟呢?这也是一个根本性的问题,我们不能轻易放过!如果只有顿然见性开悟才能成佛,那不能领悟顿教的小根小智之人,还有成佛的可能吗?如果没有成佛的可能,那惠能禅宗会像玄奘唯识宗那样,认为有一类众生必定不能成佛吗?

之前惠能都只是直截了当地说,迷而不悟者不能见性成佛,至于心迷者还有什么特点,为什么不能见性成佛,都没有提及。这里终于对于心迷者的特点多说了两句:"迷心外见,修行觅佛。"就是说,迷惑者到本心自性之外去求佛。而佛不过是自性菩提、自性般若的呈现照用,向外觅取,当然就不能顿见自性,开悟成佛。这可算是明确地指出了一条比较具体的修行原则:不能向心性之外寻求!要牢牢记住这点姗姗来迟的教导。

惠能认为,佛说的一切法门,都是为了人。若人没了,佛法就没有存在的必要,也不可能存在。因为人有智慧,而佛法需要智慧才能建立。这可以说是向佛陀当年游化人间特色的回归。这可能是惠能对当时教内外争相把菩萨、佛神化、以超度鬼魂为佛门盛事等风气的一种反弹。

"善知识，不悟即佛是众生，一念悟时众生是佛。故知万法尽在自心，何不从自心中顿见真如本性？《菩萨戒经》[①]云：'我本元自性清净。'若识自心见性，皆成佛道。《净名经》[②]云：'即时豁然，还得本心。'

"善知识，我于忍和尚处，一闻言下便开悟，顿见真如本性。是以将此教法流行，令学道者顿悟菩提，各自观心，自见本性。若自不悟，需觅大善知识，解最上乘法者，直示正路。是善知识有大因缘，所谓化导令得见性。一切善法，因善知识能发起故。三世诸佛，十二部经，在人性中本自具有。不能自悟，须求善知识指示方见。若自悟者，不假外求。若一向执谓须他善知识方得解脱者，无有是处。何以故？自心内有知识自悟[③]，若起邪迷，妄念颠倒，外善知识虽有教授，救不可得。若起真正般若观照，一刹那间，妄念俱灭。若识自性，一悟即至佛地[④]。

"善知识，智慧观照，内外明彻，识自本心。若识本心，即本解脱。若得解脱，即是般若三昧，即是无念。何名无念？若见一切法，心不染著，是为无念。用即遍一切处，亦不著一切处。但净本心，使六识[⑤]出六门[⑥]，于六尘[⑦]中无染无杂，来去自由，通用无滞，即是般若三昧，自在解脱，名无念行。若百物不思，当令念绝，即是法缚，即名边见[⑧]。善知识，悟无念法者，万法尽通；悟无念法者，见诸佛境界；悟无念法者，至佛地位。

【注】 ①《菩萨戒经》：佛教戒律书。后秦鸠摩罗什译出《梵网经卢遮那佛说菩萨心地戒品第十》二卷，智顗将其录为一卷，名《菩萨戒经》。此经主要讲大乘佛教的十重戒和四十八轻戒。②《净名经》：《维摩诘经》的异名。汉译共七种，现存三种，最流行的是鸠摩罗什译本。主要阐述中道实相、不二无分别、不可思议解脱等大乘思想。提出心净则佛土净、发心即出家、从无住本立一切法、不离淫怒痴而得解脱、烦恼即如来种、非道即佛道、不住无为不尽有为等著名观点。③自心内有知识自悟：意为自心内本有一切智慧或佛性可以自悟。④佛地：佛教把菩萨修行的过程划分为十个阶位，即十地。佛地是菩萨修行所要达到的最高果位。⑤六识：指眼识、耳识、鼻识、舌识、身识、意识。这六识分别是由眼根对色尘（境）、耳根对声尘（境）、鼻根对香尘（境）、舌根对味尘（境）、身根对触尘（境）、意根对法尘（境）作用而生。⑥六门：眼、耳、鼻、舌、身、意六根的别称。⑦六尘：也称六境，即色、声、香、味、触、法，分别为六根眼、耳、鼻、舌、身、意的认识对象。⑧边见：五见之一。偏于断见或常见的一边，故谓之边见。

【按】

惠能把真如、菩提、般若都收归于自性本性一心，又把开悟顿见真如本性、自性菩提、自性般若和自识本心等同于成佛。这是惠能顿教法门的思想前提，整部《坛经》始终反复强调。要理解惠能顿教思想，就必须牢牢记住这些。

“不悟即佛是众生”这句话不好理解。佛是已觉悟者，怎么还会退堕变成不悟呢？当然，可以把它理解为一个反事实条件句：“如果佛不悟，佛就是众生。”佛不悟是绝对不可能发生的事情，因此这个反事实条件句并不是说佛真的会变成不悟，而是以此假设强调悟对于成佛的决定作用。这种解释虽然可以成立，但对惠能思想的理解未必深入，也不会有多大促进。

实际上这句话透露出惠能思想的一个关键。惠能虽然认为众生都本有自性菩提、自性般若、真如本性，但并非当下现成就是佛，而是需要自识己心、见性开悟才能成佛。如果没有明心见性，那虽本有自性菩提、自性般若、真如本性，也只是一种可能性意义上的佛，而不是现成的佛。一切没有开悟的众生，都是可能性意义上的佛，但并非现成的佛。所以“不悟即佛是众生”这句话的意义可理解为：如果不悟，就只是可能性意义上的佛，这样的佛当下还是众生。

可见，惠能的思想与后来马祖道一的“平常心是道”及其所创洪州宗的“触类是道”等说法的区别是很明显的。

惠能在此把解脱成佛等同于无念行。能做到无念，就是佛。这显然是以“无念为宗”了。所谓无念，就是能见一切法，但心不为一切法所染著。无念并不是万念俱绝，那是边见束缚。

“善知识，后代得吾法者，将此顿教法门，于同见同行，发愿受持，如事佛故，终身而不退者，定入圣位。然须传授从上以来默传[①]分付，不得匿其正法。若不同见同行，在别法中，不得传付。损彼前人，究竟无益。恐愚人不解，谤此法门，百劫千生，断佛种性[②]。

“善知识，吾有一《无相颂》，各须诵取。在家出家，但依此修。若不自修，惟记吾言，亦无有益。听吾颂曰：

说通[③]及心通[④]，如日处虚空。
唯传见性法，出世破邪宗。

法即无顿渐，迷悟有迟疾。
只此见性门，愚人不可悉。
说即虽万般，合理还归一。
烦恼暗宅中，常须生慧日。
邪来烦恼至，正来烦恼除。
邪正俱不用，清净至无余。
菩提本自性，起心即是妄。
净心在妄中，但正无三障⑤。
世人若修道，一切尽不妨。
常自见己过，与道即相当。
色类⑥自有道，各不相妨恼。
离道别觅道，终身不见道。
波波度一生，到头还自懊。
欲得见真道，行正即是道。
自若无道心，暗行不见道。
若真修道人，不见世间过。
若见他人非，自非却是左。
他非我不非，我非自有过。
但自却非心，打除烦恼破。
憎爱不关心，长伸两脚卧。
欲拟化他人，自须有方便。
勿令彼有疑，即是自性现。
佛法在世间，不离世间觉。
离世觅菩提，恰如求兔角。
正见名出世，邪见名世间。
邪正尽打却，菩提性宛然。
此颂是顿教，亦名大法船。
迷闻经累劫，悟则刹那间。”

师复曰：“今于大梵寺说此顿教，普愿法界众生，言下见性成佛。”时韦使君与官僚道俗，闻师所说，无不省悟。一时作礼，皆叹："善哉！何期岭南，有佛出世。"

【注】 ①默传：指以心传心的传授。②断佛种姓：意为永世不能成佛。③说通：说法无碍，即能够因时因地因人因事而方便随机宣说佛法。与宗通相对。④心通：能远离语言文字了悟佛法或自己本性。也称宗通。说通与宗通是菩萨的二种通相。⑤三障：指能障碍佛道的烦恼障、业障、报障。⑥色类：指有各种物质形体的众生。这里指世间一切人。

【按】

惠能对自己的"顿教法门"极其自信，认为应当像对待佛一样对待它，而且只要坚持修行此法，就一定会成佛。但是对于修行其他法门的非同道者，就不要传付。倒不是道不同不相为谋，而是出于慈悲心，因为即使向他们传授，他们也不能理解，因为不能理解，所以就会毁谤顿教法门，而这就像谤佛一样，会招致永世不能成佛的报应。不能接受者宁愿不传这类说法，《法华经》等经典中早已有过。

此处《无相颂》有不少说法值得重视。惠能指出，其实佛法并无顿渐之分，只是因为人的了悟有快慢，因而方便分为顿教、渐教。相对于悟性高、了悟快的人来说，佛法就是顿教；相对于悟性低、了悟慢的人而言，佛教就是渐教。明心见性的顿教法门，对悟性低的愚笨之人不适合。但这并不意味着不适合顿教的人就不能修道。各类人都有适合其根性的道，互不妨碍。

"佛法在世间，不离世间觉。离世觅菩提，恰如求兔角。"出世的觉悟成佛不能离开世间，这是《维摩诘经》等大乘经典中已有的思想，但这并不妨碍惠能这四句话成为名言。之所以不能离开世间而觉悟成佛，理论基础还是龙树空假不二的中道观。用惠能自己的话说，即是"正见名出世，邪见名世间。邪正尽打却，菩提性宛然"。所谓"邪正尽打却"，不是叫我们是非混淆，正邪颠倒，而是说世出世间同一空性，同一实际，同一真如实相，能证悟此，即是出世，即是涅槃，即是成佛，并非离世间就得出世间，并非除邪见就能得正见。知邪见为虚妄不实即是除邪见，即是正见。因此惠能坚持，无论"在家出家"，只要依此颂修行，都能成佛。

虽然惠能强调"悟则刹那间"，"言下见性成佛"，但他并没有废弃修行，而是谆谆教导，一定要修行，"若不自修，惟记吾言，亦无有益"。后世借口六祖顿悟成佛之旨而蔑视毁弃修行之辈，绝非六祖真传。

疑问第三

一日，韦刺史为师设大会斋①。斋讫，刺史请师升座，同官僚士庶肃容再拜，问曰："弟子闻和尚说法，实不可思议。今有少疑，愿大慈悲，特为解说。"师曰："有疑即问，吾当为说。"韦公曰："和尚所说，可不是达磨大师宗旨乎？"师曰："是。"

公曰："弟子闻，达磨初化梁武帝②，帝问云：'朕一生造寺度僧，布施设斋，有何功德？'达磨言：'实无功德。'弟子未达此理，愿和尚为说。"师曰："实无功德，勿疑先圣之言。武帝心邪，不知正法。造寺度僧，布施设斋，名为求福，不可将福便为功德。功德在法身中，不在修福。"

师又曰："见性是功，平等是德。念念无滞，常见本性，真实妙用，名为功德。内心谦下是功，外行于礼是德。自性建立万法是功，心体离念是德。不离自性是功，应用无染是德。若觅功德法身，但依此作，是真功德。若修功德之人，心即不轻，常行普敬。心常轻人，吾我不断，即自无功；自性虚妄不实，即自无德。为吾我自大，常轻一切故。善知识，念念无间是功，心行平直是德；自修性是功，自修身是德。善知识，功德须自性内见，不是布施供养之所求也，是以福德与功德别。武帝不识真理，非我祖师有过。"

【注】 ①大会斋：在大法会中兼施斋饭。②梁武帝：南朝梁开国之君。姓萧，名衍，字叔达。庙号高祖，谥武帝。南兰陵中都里人（今江苏武进）。在位时宣布佛教为国教，曾四次舍身佛寺，并常设无遮大会、平等大会、盂兰盆会。平素谨守戒律，日仅一食，食止一蔬，世称皇帝大菩萨。所撰有关佛教的著述甚多，主要作品有《制旨大涅槃经讲疏》《大品注解》《三慧经讲疏》《净名经义记》《制旨大集经讲疏》《发般若经题论义并问答》等。与菩提达磨的故事未必是信史。

【按】

见性即可成佛，成佛即可念念无滞，即可平等待人。所以惠能这里讲的一切，无非是突出只有解脱成佛才是真功德。成佛即得法身，所以说“功德在法身中”。如果眼睛紧盯着、心里只念着有多少福德，而根本忘记甚至偏离了解脱成佛这个终极目标，那就是买椟还珠、舍本逐末。这一思想与开篇五祖对众弟子只求福德、不求脱离生死苦海的批判，一脉相传，如出一辙。又所谓解脱成佛，所谓证法身，其实就是无所得，即《心经》所说的“无智亦无得”。若以功德为实有而追求，就是以成佛得法身为有所得，因此不能成佛。

南朝四百八十寺，多少楼台烟雨中！惠能此处明确提倡“功德在法身中”，并念念不忘地强调“见性是功”“自性建立万法是功”，除了是对正见的弘扬，应该也是对当时社会动辄糜费巨资、建寺造塔等奢糜之风的规箴。

刺史又问曰：“弟子常见僧俗念阿弥陀佛[①]，愿生西方。请和尚说，得生彼否？愿为破疑。”

师言：“使君善听，惠能与说。世尊在舍卫城中，说西方引化，经文分明，去此不远。若论相说里数有十万八千，即身中十恶八邪[②]，便是说远。说远为其下根，说近为其上智。人有两种，法无两般。迷悟有殊，见有迟疾。迷人念佛求生于彼，悟人自净其心。所以佛言：‘随其心净，即佛土净[③]。’使君东方人，但心净即无罪。虽西方人，心不净亦有愆。东方人造罪，念佛求生西方；西方人造罪，念佛求生何国？凡愚不了自性，不识身中净土，愿东愿西，悟人在处一般。所以佛言：‘随所住处恒安乐。’使君心地但无不善，西方去此不遥；若怀不善之心，念佛往生难到。今劝善知识，先除十恶，即行十万；后除八邪，乃过八千。念念见性，常行平直，到如弹指，便睹弥陀。使君但行十善[④]，何须更愿往生？不断十恶之心，何佛即来迎请？若悟无生顿法[⑤]，见西方只在刹那；不悟念佛求生，路遥如何得达？惠能与诸人，移西方于刹那间，目前便见，各愿见否？”

【注】 ①阿弥陀佛：梵文音译，意译为无量光、无量寿佛。是西方极乐世界的教主，以观世音、大势至两大菩萨为左右胁侍，在极乐净土教化、接引众生，故又称“接引佛”。是净土宗的主要信仰对象。②十恶八邪：十恶，与十善相反，指杀生、偷盗、邪淫、妄语、两舌、恶

口、绮语、贪欲、嗔恚、邪见。八邪，与八正道相反的八种邪道，指一邪见、二邪思惟、三邪语、四邪业、五邪命、六邪方便（或邪精进）、七邪念、八邪定。③随其心净，即佛土净：出自《维摩诘经·佛国品》。④十善：与上十恶相反。⑤无生顿法：无生无死的顿教法门。

【按】

这里惠能讲他的净土观，对后世净土宗影响很大。惠能以前中国的净土信仰，都认为净土在遥远的西方，称"西方净土"。惠能发挥《维摩诘经》"随其心净，则佛土净"的思想，认为净土在个人心中。内心去恶存善，自净其心，即是净土。见自性即见西方净土。如果心中存恶绝善，如果不悟无生无灭的顿教法门，不见自性，则无论如何念佛修行，追求往生，也无济于事。不能向心外求佛，同样也不能向心外求净土。这就是惠能的"唯心净土""自性净土"观。

众皆顶礼[①]，云："若此处见，何须更愿往生？愿和尚慈悲，便现西方，普令得见。"

师言："大众，世人自色身[②]是城，眼耳鼻舌是门。外有五门，内有意门。心是地，性是王，王居心地上，性在王在，性去王无。性在身心存，性去身心坏。佛向性中作，莫向身外求。自性迷即是众生，自性觉即是佛。慈悲即是观音，喜舍名为势至[③]，能净即释迦，平直即弥陀。人我是须弥[④]，邪心是海水，烦恼是波浪，毒害是恶龙，虚妄是鬼神，尘劳是鱼鳖，贪瞋是地狱，愚痴是畜生。善知识，常行十善，天堂便至；除人我，须弥倒；去贪欲，海水竭；烦恼无，波浪灭；毒害除，鱼龙绝。自心地上觉性如来，放大光明，外照六门清净，能破六欲诸天[⑤]。自性内照，三毒即除，地狱等罪，一时销灭，内外明彻，不异西方。不作此修，如何到彼？"

大众闻说，了然见性。悉皆礼拜，俱叹善哉，唱言："普愿法界众生，闻者一时悟解。"

师言："善知识，若欲修行，在家亦得，不由在寺。在家能行，如东方人心善；在寺不修，如西方人心恶。但心清净，即是自性西方。"

【注】 ①顶礼：即两膝、两肘及头着地，以头顶承接受礼者双足。又作头顶礼敬、头面礼足、头面礼。头顶为人身之最高者，足为人身之最卑者；以己之最高，敬人之最卑，故为礼

之极。②色身：以地、水、火、风四种色法（相当于物质要素）组成的身体，即人的肉体。③势至：即大势至菩萨。大势至菩萨是西方阿弥陀佛的右胁侍，观音菩萨是其左胁侍，三者合称“西方三圣”。④人我是须弥：人我即人我执，即执著于有自我的我见。佛教认为我执我见使人造出须弥山那样高的罪业，故说人我执像须弥高山一样障碍正道。⑤六欲诸天：欲界有六重天，叫做六欲天。即四王天、忉利天、夜摩天、兜率天、乐变化天、他化自在天。这六天的共同特点是仍有欲乐。

【按】

惠能在这里响亮地提出：“佛向性中作，莫向身外求。”这两句话不知道影响了后世多少学佛者！其实佛教所谓的修行，一直以来都是修心。一切佛法都是心法。《华严经·夜摩宫中偈赞品第二十》（八十卷本，第十九卷）早已说过“一切唯心造”，早已说过“心如工画师，能画诸世间。五蕴悉从生，无法而不造”。既然一切唯心造，万法唯心，那当然修一切佛法都是修心。但是以前似乎从来没有谁像惠能这样直截了当指明：佛向性中作，莫向身外求。除了有教理支撑之外，惠能这句响当当的号召，也未必不是对当时社会争相以大兴土木、建寺造佛为佛门要事之流风的规劝。

惠能所谓的“佛向性中作”，也就是觉悟自性菩提，觉悟真如本性，见性成佛。这个菩提自性、真如本性、自性如来就在各人心地，有性才有心。自心清净，自性如来就大放光明，人当下就在西方净土。

因此，惠能又响亮地提出：“必欲修行，在家亦得，不由在寺。”这三句话对后世修行者的影响之大，对居士佛教的影响之大，简直不可估量，虽然这个道理早在《维摩诘经》中就有。也许不仅仅因为惠能是中国人，更因为他不只是经中的菩萨，而是现实世界中活生生的人。他就是从一个活生生的人修成肉身菩萨的，且其真身一直就近在中国，而不是远在西天。

韦公又问：“在家如何修行？愿为教授。”

师言：“吾与大众说《无相颂》，但依此修，常与吾同处无别。若不作此修，剃发出家，于道何益？颂曰：

心平何劳持戒？行直何用修禅？①
恩则亲养父母，义则上下相怜。

让则尊卑和睦，忍则众恶无喧。
若能钻木出火，淤泥定生红莲。
苦口的是良药，逆耳必是忠言。
改过必生智慧，护短心内非贤。
日用常行饶益②，成道非由施钱。
菩提只向心觅，何劳向外求玄？
听说依此修行，西方只在目前。

师复曰：“善知识，总须依偈修行，见取自性，直成佛道。时不相待，众人且散，吾归曹溪。众若有疑，却来相问。”

时，刺史官僚，在会善男信女，各得开悟，信受奉行。

【注】 ①心平何劳持戒？行直何用修禅：持戒，受持戒律而不触犯，三学之一，六度之一。持戒旨在防非止恶，旨在调伏恶心烦恼，远离堕罪过患，而不在一套外在的规范强行约束自己。如果内心没有恶念烦恼了，就意味着持戒清净；如果内心恶念翻腾，烦恼无穷，那形式上再怎么样严格守戒，也不算持戒清净。因此，如果已经做到内心平和清净，那就无须再拘泥于形式。修禅，如果是专就修定而言，即是三学之一，六度之一。佛教所修的禅定都是以持戒为基础。入定则心专注一境而不散乱。心不散乱则易起智慧，不易为邪念所动所染，行动则不易偏邪而易正直。因此，如果行动已经坚持正道，修禅的目的就已经达到，何必再执著。②饶益：有利于他人修行。

【按】

这品的《无相颂》是前文“佛法在世间，不离世间觉”的最好写照。因为这里讲的是在家修行之道，所以看似好像与儒家的世间道德修养没什么区别。但其实与儒家道德修养的起点和终点都大不一样。这里的终点还是佛教的，即“见取自性，直成佛道”。起点则有二，也是佛教的：一是无相之修。所谓无相，即是实相。诸法实相毕竟空，故实相无相。如果脱离诸法实相毕竟空的理论前提，在家出家的鸿沟就难以逾越。二是一切修行只向心内觅果，而不向外求证，即所谓“菩提只向心觅，何劳向外求玄”。

向来评价惠能禅法，多认为他重智轻悲，只讲觉悟智慧，不讲大慈大悲。但惠能思想明明是大乘菩萨道思想，怎么可能不重慈悲呢？不过因为随机应众方便说法的缘故，讲智慧的场合多些罢了。这品的《无相颂》就强调了慈悲。“义则上下相怜”，这不是悲悯之心吗？“日用常行饶益”，这不是与人以乐之慈吗？其实，上一品的《无相颂》也并非没有表现慈悲心：“若见他人非，自非却是左。他非我不非，我非自有过。但自却非心，打除烦恼破。”不去指责众生，这不是悲么？“勿令彼有疑，即是自性见。”这不是饶益众生的慈么？何况，本品还直接指出：“慈悲即是观音”！如果不慈不悲，就是嘴里时时刻刻都念着“观音”，也到不了净土。

定慧第四

师示众云：“善知识，我此法门，以定慧为本。大众勿迷，言定慧别。定慧一体，不是二。定是慧体，慧是定用，即慧之时定在慧，即定之时慧在定。若识此义，即是定慧等学。诸学道人，莫言先定发慧、先慧发定各别。作此见者，法有二相。口说善语，心中不善，空有定慧，定慧不等。若心口俱善，内外一种，定慧即等。自悟修行，不在于诤；若诤先后，即同迷人。不断胜负，却增我法，不离四相①。善知识，定慧犹如何等？犹如灯光。有灯即光，无灯即暗，灯是光之体，光是灯之用。名虽有二，体本同一。此定慧法，亦复如是。”

【注】 ①四相：主要有三种解释。一指有为法的四个过程生、住、异、灭四相。生相即由无而有，住相即成长之形，异相即衰老变坏，灭相即最终灭亡。这四相迁流不息，此灭彼生，此生彼灭。二指对于生命现象的四种妄执我相、人相、众生相、寿者相等四相（详义见前《金刚经·大乘正宗分第三》注⑥）。三指一期生命的四种样相生、老、病、死。这四相又叫作粗四相、一期四相。这里“四相”三种解释都可以。

【按】

传统戒定慧三学一贯主张，以戒资定，由定发慧。执泥者由此认为定、慧必有先后，要不定先慧后，要不慧先定后。实则不然。就像我们常说读书是为了发展智力，开发智慧，但这并不意味着读书之前人们根本就没有智力、不会运用智慧，只有读了书之后才有智力、才能运用智慧。如果读书之前根本就没有智力、不会运用智慧的话，怎么能读好书呢？可见读书和智慧须同时俱在，相辅相成。惠能认为，定慧之间也当如此。不仅如此，惠能还进一步认为，定慧根本就不是二事，而是一体，只不过是同一事物的两种名称。就像所说的“灯光”一样，不管是称之为灯，还是称之为光，都是指同一个事物。“灯是光之体，光是灯之用。”名称虽二，体用本一。同样，“定是慧体，慧是定用。即慧之时定在慧，即定之时慧在定。”智慧观照之时就是定在发慧，定于实相之时就是慧观实相。如果不懂定慧一体、定慧等学的道理，而老是争论孰先孰后，那只有徒增人我执、法我执，永远摆脱不了四相的束缚。

惠能上述定慧一体之论固然精妙，但就其所蕴含的佛理而论，似乎未必是前无古人，孤明先发。就实际修行而论，定慧之学相应于止观双修。关于修习止观，惠能之前的中国僧人已有大量精湛论述。其中最有成就者当属隋朝高僧天台智者大师。他所论述的“圆顿止观”，与惠能定慧一体所含之理，异曲同工。智顗《摩诃止观》（卷一上）云：

圆顿者，初缘实相，造境即中，无不真实。……纯一实相。实相外更无别法。法性寂然名止，寂而常照名观。虽言初后，无二无别，是名圆顿止观。

所谓“法性寂然名止，寂而常照名观”，相当于惠能说慧观实相时即是定在发慧，定于实相时即是慧观实相。

智顗等前代高僧已经把止观视为佛教的根本，可见惠能此处所说“我此法门，以定慧为本”，已是当时佛门龙象之共识。

但无论是定慧一体，还是圆顿止观，都非生来即能，须经修行方可。不过修行前已识一体圆顿之理而已。

师示众云：“善知识，一行三昧[①]者，于一切处，行住坐卧，常行一直心是也。如《净名经》云：‘直心是道场’，‘直心是净土’。莫心行谄曲，口但说直，口说一行三昧，不行直心。但行直心，于一切法，勿有执著。迷人著法相，执一行三昧。直言常坐不动，妄不起心，即是一行三昧。作此解者，即同无情，却是障道因缘。善知识，道须通流，何以却滞？心不住法，道即通流；心若住法，名为自缚。若言常坐不动是，只如舍利弗宴坐林中，却被维摩诘诃[②]。善知识，又有人教坐，看心观静，不动不起，从此置功。迷人不会，便执成颠，如此者众。如是相教，故知大错。”

【注】 ①一行三昧：心定于一行而修三昧。又名真如三昧或一相三昧。一行三昧又分两种。一、理之一行三昧，即定心观法界平等一相的三昧。入此三昧，则知一切诸佛法身与众生身平等无二、无差别相，故于行住坐卧等一切处，能纯一直心，不动道场，直成净土。二、事之一行三昧，即一心念佛的念佛三昧。三昧，梵文音译，意译为定。②舍利弗宴坐林中，却被维摩诘诃：此事见《维摩诘经·弟子品》。舍利弗，释迦牟尼的声闻十大弟子之一，被称为“智慧第一”。宴坐：默然静坐，指坐禅。维摩诘：《维摩诘经》的说法主，身份为居士。

【按】

惠能接着对传统的修定方法一行三昧提出批判。包括神秀等在内传统的修定方法，都是教人静坐不动，看心观静，使妄心不起。惠能认为这种方法是执著于法相，迷执于外境，如此修定，是把人变成无情识的事物，绝对不能成佛。真正的一行三昧，并不一定要静坐观心。只要在任何时候，任何地方，行住坐卧，都能直心而行，就是一行三昧。这些基本是对《维摩诘经》思想的灵活运用，当然不违背大乘教义。

但是我们时刻要保持清醒的问题意识：如何才能够做到无论何时何地都能直心而行呢？任何人，不经任何修行，天生就能做到这一点吗？惠能当然并不会认为可以不要任何修行，关键是修行之法要适合各人的根性。“静坐不动，看心观静”并非对所有人都适合的不二法门，并非所有人都必须如此修行不可，但也并非对所有的人都不合适。这应该是惠能说法的本意。佛说一切法，都是随众应机，方便立说。后人不解，各执一端，强求一律，视为人人时时处处皆须固守的不变教条，悲夫！

师示众云：“善知识，本来正教，无有顿渐，人性自有利钝。迷人渐修，悟人顿契，自识本心，自见本性，即无差别。所以立顿渐之假名。

“善知识，我此法门，从上以来，先立无念为宗，无相为体，无住为本。无相者，于相而离相。无念者，于念而无念。无住者，人之本性，于世间善恶好丑，乃至冤之与亲，言语触刺欺争之时，并将为空，不思酬害①，念念之中，不思前境；若前念今念后念，念念相续不断，名为系缚②；于诸法上，念念不住，即无缚也。此是以无住为本。

“善知识，外离一切相，名为无相。能离于相，即法体清净，此是以无相为体。

“善知识，于诸境上心不染，曰无念。于自念上常离诸境，不于境上生心。若只百物不思，念尽除却，一念绝即死，别处受生，是为大错。学道者思之。若不识法意，自错犹可，更劝他人；自迷不见，又谤佛经。所以立无念为宗。善知识，云何立无念为宗？只缘口说见性，迷人于境上有念，念上便起邪见。一切尘劳妄想，从此而生。自性本无一法可得，若有所得，妄说祸福，即是尘劳邪见。故此法门，立无念为宗。

“善知识，无者无何事？念者念何物？无者，无二相，无诸尘劳之心。念者，念真如本性，真如即是念之体，念即是真如之用。真如自性起念，非眼耳鼻舌能念，真如有性，所以起念；真如若无，眼耳色声当时即坏。善知识！真如自性起念，六根虽有见闻觉知，不染万境，而真性常自在。故经云：‘能善分别诸法相，于第一义而不动③。’”

【注】 ①酬害：报复之义。②系缚：烦恼的异名。烦恼如绳子，系缚人的身心，使人不得自在，故名。③能善分别诸法相，于第一义而不动：出自《维摩诘经·佛国品》。意为既善于分别一切事物和现象，又能领悟把握最高真理。

【按】

惠能一如既往地强调，法无顿渐，人有利钝，悟有快慢。无论利钝快慢，若终能“自识本心、自见本性”，则所证无别。所谓顿教渐教，不过对应不同根性者方便而立的假名。这里惠能明确肯定，渐修和顿悟两种人，虽然悟道快慢不同，但最终都能成佛。这与后世南宗禅绝对否定渐修的看法泾渭分明。

如果说明心见性、顿悟成佛是惠能禅法的宗旨，那么无念为宗、无相为体、无住为本的三无论就可以说是这一宗旨的理论基石。

何谓“无相为体”？虽身处世间，做一切事，接一切物，待一切人，但却不为任何事任何物任何人所束缚，不为任何事任何物任何人所烦恼、所染著，因为一切法都不是实有,而是缘起性空、虚幻不实的假有,亦即诸相非相,诸法实相毕竟空。诸相性空非实有,即是法体清净。既然法体无相,本来清净,故谓“能离于相,即法体清净”。成佛就是得无所得之法体清净,故以“无相为体”。另外,真如实相虽是性空无相,但又是一切法之所依,万法因之而显而生,离之则万法皆无。真如无相故无体,因是万法之所依,故说无相即是万法之体,这也是“无相为体”。“体”非实体之谓,乃所依之义。

何谓“无住为本”?惠能只就人的本心本性而言。从人的本性而言,人心本来刹那刹那,念念不住,因此心念对于一切事物和现象,都不应该固执停留,这才符合人的本性。这样做就是“无住为本”。但是如果事物和现象本身是固定不变的实有,而人心对它们却只能像蜻蜓点水般的一掠而过,一触即离,那怎么可能证见诸法实相而成佛呢?是故应知,人心前念今念后念念念不住,不仅合乎人的本性,亦且相应诸法实相。如上所述,正因为诸法实相毕竟空,实相无相,诸相非相,所以人心对于一切法也只有念念不住,才能相应于诸法实相,从而证悟成佛。所谓无住为本,无住不仅是指人心本来念念不住,而且也是指诸法实相本来无住,实相无住故能成就诸法,为诸法所依,故谓无住为一切法之本。“本”亦非实体之谓,而是所依之义,如“体”为所依。

何谓“无念为宗”?无念,不是百物不思,万念断绝。否则,不但如无情识之物,永难成佛,而且人“一念绝即死”,死而业未销,又去别处转生,如此生死轮回,苦海无边。因此,无念,就是虽心对万境起万念,但却不滞留于任何一念,心不为任何境所染著,“于念而无念”,不住一法而生心。这是惠能“无念为宗”的第一层含义。这可以说是《金刚经》“应无所住而生其心”的翻版。第二层含义是,真如自性本是毕竟空,虽本自具足,能含能起万法,但实则无一法为实有,无一法非虚幻不实,因此“自性本无一法可得”。既如此,则本无任何实有之法可供起念。这是依《金刚经》“诸相非相”而立“无念为宗”。真如,即如诸法实相而为真,亦即诸法性空所显之真实。就人心而言,真如即真如自性,而自性亦非实有。因此,对诸境无念,也就是对任何法都不起分别,因为诸法本非实有,无可分别;对诸法不起念,实际也就是对真如起念,因诸相非相而不对诸法起念,但诸相非相本因真如自性乃无相,知真如自性本无相,则知诸相非相,因此于诸相非相而念,则所起乃真如自性之念,所念乃真如本性,“真如即是念之体,念即是真如之用”。若无真如本性,一切法即无所依,进而连依非相所方便安立之念亦不可能。这是“无念为宗”的第三层含义。“念真如”“依真如而起念”的思想，在相传为印度马鸣菩萨所造、南朝梁真谛所译的《大乘起信论》中已比比皆是。惠能大概有所借鉴而发挥。

如上所述，无念为宗、无相为体、无住为本三者都不离见性成佛之旨。就具体的修行而论，无念的实践性最强。能做到无念，就能见性成佛。但关键在于，如何才能做到无念呢？

“诸相非相”“应无所住而生其心”本是《金刚经》的核心思想，“从无住本立一切法”则原是《维摩诘经》的核心观念之一，“念真如”之说在《大乘起信论》中也早已流行，惠能因自身有悟，悟皆契合佛心，故能立足其所悟，信手拈来，为其见性成佛的顿教宗旨奠基。

坐禅第五

师示众云：“此门坐禅，元不著心，亦不著净，亦不是不动。若言著心，心元是妄，知心如幻，故无所著也。若言著净，人性本净，由妄念故，盖覆真如，但无妄想，性自清净。起心著净，却生净妄。妄无处所，著者是妄；净无形相，却立净相，言是工夫。作此见者，障自本性，却被净缚[①]。

“善知识，若修不动者，但见一切人时，不见人之是非善恶过患，即是自性不动。善知识，迷人身虽不动，开口便说他人是非长短好恶，与道违背。若著心著净，即障道也。”

师示众云：“善知识，何名坐禅？此法门中，无障无碍，外于一切善恶境界，心念不起，名为坐；内见自性不动，名为禅。善知识，何名禅定？外离相为禅，内不乱为定。外若著相，内心即乱；外若离相，心即不乱。本性自净自定，只为见境思境即乱。若见诸境心不乱者，是真定也。善知识，外离相即禅，内不乱即定；外禅内定，是为禅定。《菩萨戒经》云：‘我本性元自清净。’

善知识，于念念中，自见本性清净，自修自行，自成佛道。”

【注】 ①净缚：被所要观想的净相所束缚。因为任何相都是妄想所生，都是虚妄，所以不知其为虚妄而加以观想，就是为其所缚。

【按】

这品继续强调见性成佛的顿教宗旨。但进一步明确指出见性的内容，即认为见性就是见本性清净。见本性清净要自见、自修、自行，自成佛道。惠能如此强调自见、自修、自行、自成，也符合佛教开创时期佛陀本人的观点。但是随着大乘佛教的兴起，随着众生根性的每况愈下，佛、菩萨的神通威力因教化下劣众生所需，而随机方便地被无限放大，以便部分下劣众生，只要念念菩萨、佛的名号，就可以获得无条件的保护，享受各种福报，至少也能抵消自己所做的各种罪孽。这本是一种应机施教的方便说法，并非具有普适性的了义。可是很多不明了义之人，却因此而生懈怠，几乎完全废弃了对自心自性的修养，甘心让自己永远做一个只知念佛号以求佛、菩萨无条件保护的下劣众生。惠能的自见自修自行自成之教，对于上述观念的泛滥成灾，应该是防治的对症之方。

第一品惠能开篇就揭示宗旨：菩提自性，本来清净，但用此心，直了成佛。但作为开篇宗旨的这四句十六个字，一开始就抛给我们一连串的疑问：“心”的本性到底是什么？它与“本来清净”的“菩提自性”到底是什么关系？既然“菩提自性，本来清净”，为什么还要“用此心”才能成佛？“心”到底起什么作用？

惠能所谓的“心”是不是指清净真心？显然不是。第五品他明确指出“心元是妄”“心如幻”，即以心为妄心。心虽是妄如幻，但却具有知觉功能，故说心能迷能悟，能著能不著。心若迷而著，则是众生；若悟而不著，则是佛，故说“但用此心，直了成佛”。无情之物正因为没有心，因而缺乏知觉情识，所以不能成佛。而人如果断绝百念，一物不思，就如同无情，自然也就不能成佛。但心既然原本是妄如幻，它如何能够存在呢？其存在依赖于“性”。惠能所说：“心是地，性是王，王居心地上，性在王在，性去王无。性在身心存，性去身心坏。”性为心之王，性在心在，性去心坏。这个“性”是指什么呢？就是本来清净的菩提自性、真如本性。如果没有本来清净的菩提自性、真如本性，心就无法存在（而且身乃至万物也都无法存在）。而所谓的心悟而不著，就是悟本来清净的菩提自性、真如本性，不著就是不著于心的虚妄如幻以及由此妄心而生起的诸相。

但既然心本是妄，那她跟本来清净的菩提自性、真如本性又怎么能搭上关系呢？后二者又何必要、如何能凑上去维持妄心的存在呢？净染真妄不是势同水火冰炭，绝不两立并存吗？这是所有佛教理论的基本问题，更是惠能禅法的核心问题。佛教内部从原始佛教到大乘佛教，一直有一种观点，即认为“心性本净，客尘所染”。这句话部派佛教有各种解释，但没有一种解释能圆融自洽。惠能当然也继承了这一看法，但惠能是如何解释它的？根据惠能自己的言论，笔者认为可以做如下解释。从假谛或俗谛看，心是染是妄；但从空谛或真谛看，心本来清净无染，真而非妄。惠能第五品说“心元是妄”，这里所谓的“元”即“原本”，并非就空谛而言，而是从假谛而说。从假谛看，心原是妄。如果从空谛看，则心原是真，本来清净。因此，当惠能说“应净心”“若心清净”时，都是就假谛意义上的心而言。

但惠能所谓的“本心”，并非指假谛意义上的心，而是指众生本有的般若心。第二品说“般若无形相，智慧心即是。若作如是解，即名般若智”。智慧心即般若心。又说“能除执心”“一念智即般若生”，般若生即起般若心，因为般若心能观照诸法毕竟空，虚妄非实，故无所可执。又说“但净本心…无杂无染”，意为使般若心不受遮蔽而起照用，即能观诸法毕竟空，自性本来清净，故可无杂无染。正因为如此，惠能在经中才会频繁地说“自识本心”“自见本性”就能成佛。自识本心就是让本有的般若心起照用，“自见本性”就是自见自性般若、自性菩提。也正因为如此，惠能才会既说“佛向性中作，莫向身外求”，又说“菩提只向心觅，何劳向外求玄”。“向心觅”就是向本有的般若心寻觅，“向性中作”，也是自见本有的自性般若、自性菩提。千万要记住，惠能所谓的“本心”不是指假谛意义上的本心，也不是指与众生的染妄心相对的“清净真心”，而是指众生本有的般若心。当然，般若心不但能观照万法皆空，还能同时显现万法皆有——虚幻不实的假有。空假不二，即空即假，这就是中道。诸法即空即假即中，如龙树《中论·观四谛品第二十四》所说：“众因缘生法，我说即是空，亦为是假名，亦是中道义。”

从空谛看，包括心在内的万法都本来清净。所谓本来清净也就是毕竟空，就是真如实相，就是法性实际，这些都是中观派或空宗的共识。但是直接认为毕竟空、本来清净、真如实相、法性实际等就是“觉悟性”，并直接称之为“菩提自性”，却并非空宗的观点，而是空宗和如来藏思想结合的产物，在中国称之为“性宗”。性宗在中国特别流行，除三论宗、唯识宗、北宗禅之外的大乘佛教，其他几乎都可以归于性宗。《大乘起信论》(真如本觉说)、天台、华严、禅宗南宗等等都属于性宗。惠能自然也不例外。虽然普遍地就万法而言的毕竟空、本来清净、真如实相、法性实际等不能直接就被说成是觉悟性、菩提自性,但是如果特别地就心而言毕竟空、本来清净、真如实相、法性实际等,那当然可以直接说它们就是菩提自性、觉悟性,因为无论是从空谛而言的本来清净之心,还是从假谛而言的本来虚妄之心,都具有知觉。正因为心有知觉,所以惠能在经中才多次说,若心清净,就可成佛。这里所谓的"若心清净",显然不是说从空谛看心本来清净,而是说若心能不著于万法,能对万法不作分别,能去恶存善等,亦即说若心能起般若现用。当然,"若心清净就可成佛"也不是从转染成净、离妄归真从而复归清净真心这个意义上而言(这是北宗禅的路子),而是从心能清净就能起般若心之用从而自见本有的自性菩提而言。因此虽然都是以性觉为基础的性宗,但是与《起信论》、华严、荷泽禅等以复归清净真心的修行旨趣不同,惠能是以自见本心本性以起现用为修行指南。

上述有关惠能所说的心、本心、妄心、本性、自性等术语之间的关系,可以简单称之为"心性关系"。不明白这些关系,惠能的很多话就很难正确而贯通的理解。

坐禅不能老守着心,因为从俗谛看,心原本是妄是幻,根本就无物可守。也不能守着净,因为人性本来清净,本是真如本性,只要心不起妄念,清净真如自然显现。而老守着净就是对净产生妄念,即生净妄。清净本是性空无相,因执著而生净妄,就是把清净看做是有相可守,这样心就反倒被净相所束缚,从而不能显现其清净本性。向来认为惠能这里是旨在反对神秀静坐守心看净的禅法。

传统的坐禅方法,一般都是静坐修禅。所谓坐,就是静坐。但惠能认为,静坐未免著于坐相,因而心堕于虚妄。真正的坐是无论何时何地,心都不为外境所牵;这样自然就能见自性不动,亦即心不散乱,这就是禅。

传统所谓的禅定,如果分而言之,禅即禅那,梵文 dhyāna 音译,意译为静虑,意为澄神审虑,专思寂想;定,梵文 samadhi 意译,音译为三昧、三摩地等,指心专注于一个对象而不散乱。惠能认为,心专注于一个对象还是著相,一著相内心就还会散乱,无法定净;只有对任何外境都不专注执著,才能真正做到内心不乱。因为本性自净自定,只要心不执著于任何外境,净定自然显现。此即"外离相为禅,内不乱为定"。外离相是内不乱的充要条件。

但关键问题是，如何才能做到外离相，即不执著于任何外境呢？这当然需要起般若心，发挥般若荡相遣执的作用。虽然人"本性自有般若之智"，"一切般若智皆从自性而生"（第二品），但为什么有些人的自性般若不能起作用呢？是因为他们迷而不悟。为什么他们迷而不悟呢？是因为烦恼障重，"若无尘劳，智慧常现"（第二品），若能顿悟这些道理，"即是无念，无忆无著，不起狂妄，用自真如性，以智慧观照"（第二品），但是如何才能体悟上述道理呢？大概是"须修般若行，持诵《金刚般若经》"（第二品），但是有些烦恼障重的人不是即使诵经也不能顿悟吗？再说，为什么有些人比其他人烦恼障重呢？这些问题需要我们自己去体会。

第二、第四、第五品，主要都是围绕般若智、持戒、定慧、坐禅、禅定等讲法，因为般若是菩萨行的根本，是诸佛之母，而戒定慧三学是佛学的三纲，其中坐禅、禅定、定慧又是一切佛法的根本。

忏悔第六

时，大师见广、韶洎四方士庶，骈集山中听法，于是升座告众曰："来，诸善知识。此事[①]须从自性中起。于一切时，念念自净其心，自修自行，见自己法身，见自心佛，自度自戒，始得不假到此。既从远来，一会于此，皆共有缘。今可各各胡跪[②]，先为传自性五分法身香[③]，次授无相忏悔[④]。"

众胡跪。师曰："一戒香，即自心中无非、无恶、无嫉妒、无贪嗔、无劫害，名戒香。二定香，即睹诸善恶境相，自心不乱，名定香。三慧香，自心无碍，常以智慧观照自性，不造诸恶，虽修众善，心不执著，敬上念下，矜恤孤贫，名慧香。四解脱香，即自心无所攀缘[⑤]，不思善，不思恶，自在无碍，名解脱香。五解脱知见香，自心既无所攀缘善恶，不可沉空守寂，即须广学多闻，识自本心，达诸佛理，和光接物，无我无人，直至菩提，真性不易，名解脱知见香。善知识，此香各自内熏，莫向外觅。

【注】①此事：指明心见性、解脱成佛。②胡跪：一般有三种不同说法：一指胡人的跪拜敬礼的方式。又作胡跽，跽即印度屈膝之相，故只要屈膝便可称为胡跪。二指长跪，双膝著地，竖两足以支身。三指互跪，即右膝着地，其足指竖地，右股悬空，竖左膝，左足踏地。一般以第三种为正仪。③自性五分法身香：五分法身，指大小乘的最高果位所具备的戒、定、慧、解脱、解脱知见等五种功德。五分法身香，即把上述五种功德比作香。自性五分法身香，惠能认为佛为自性佛，因此佛所具有的五种功德也是自性所有，故称之为"自性五分法身香"。④无相忏悔：忏悔，指悔谢罪过以请求谅解。忏，梵文音译"忏摩"之略，意为"忍"，即请求他人忍罪；悔，梵文意译，指在佛、菩萨、师长、大众等面前说出自己所犯的罪过并认罪告白道歉，以期达到消罪的目的。忏悔在佛教中后来成为专以脱罪祈福为目的的一种宗教仪式。无相忏悔，惠能认为忏悔不必注重包括仪式在内的任何形式，只要保持内心清净，就是忏悔，所以称之为无相忏悔。⑤攀缘：梵文意译。攀取缘虑之意。指心执著于某一对象的作用。众生妄想缘取三界诸法，即谓之攀缘。

【按】

惠能禅法的基本思想，前五品已基本阐明。本品及以后各品，不过是前面所述基本思想在理上的进一步发挥，和在事上运用以接引点化学人。

这里讲的自性五分法身香，强调的还是佛不在自心自性之外，应该从自心自性寻求。

"今与汝等授无相忏悔，灭三世①罪，令得三业②清净。善知识，各随我语，一时道：

'弟子等，从前念今念及后念，念念不被愚迷染。从前所有恶业愚迷等罪，悉皆忏悔，愿一时消灭，永不复起。弟子等，从前念今念及后念，念念不被憍诳③染。从前所有恶业憍诳等罪，悉皆忏悔，愿一时消灭，永不复起。弟子等，从前念今念及后念，念念不被嫉妒④染。从前所有恶业嫉妒等罪，悉皆忏悔，愿一时消灭，永不复起。'

"善知识，已上是为无相忏悔。

"云何名忏？云何名悔？忏者，忏其前愆，从前所有恶业、愚迷、憍诳、嫉妒等罪，悉皆尽忏，永不复起，是名为忏。悔者，悔其后过，从今已后，所有恶业、愚迷、憍诳、嫉妒等罪，今已觉悟，悉皆永断，更不复作，是名为悔。故称忏悔。凡夫愚迷，只知忏其前愆，不知悔其后过。以不悔故，前愆不灭，后过又生。前愆既不灭，后过复又生，何名忏悔？

【注】 ①三世：过去世、现在世、未来世。②三业：身业、口业（语业）、意业，分别相对于行为、口头和书面语言、思想。③憍诳：即骄诳。下文同。④嫉妬：即嫉妒。下文同。

【按】

惠能的无相忏悔注重的是内心的清净，而不是外在的忏悔仪式，这是不违背佛理的。佛教修行本来注重发心、自净其意，一切外在的形式都是为了自净其意。如果脱离了自净其意这个目的，光注重外在仪式，那确实是舍本逐末，而惠能以金刚般若无住扫相的思想大力提倡无相忏悔，实不愧于对症之举。但关键问题是，既然很多佛教仪式实际都是为了帮助修心才设置的，那么现在惠能要破除抛弃一切外在的仪式，而直接求得内心清净，这对于极少数利根之人当然不无可能，但对于大多数根机一般的修行者，是否合适？因此，对于那些本来就没有舍本逐末、只追求外在形式的非上根之修行者而言，必要的仪式仍是利大于弊的修行阶梯。惠能的无相忏悔也只是有针对性的方便施教，并非普遍适用的不二法门，修行者千万别打肿脸充胖子，个个以为自己是上等根机，效颦惠能禅法。当然，惠能禅法如果纯粹从思想而非实修的角度看，自有其不落窠臼的新意。

“善知识，既忏悔已，与善知识发四弘誓愿[①]，各须用心正听：自心众生无边誓愿度，自心烦恼无边誓愿断，自性法门无尽誓愿学，自性无上佛道誓愿成。

“善知识，大家岂不道‘众生无边誓愿度’，恁么道[②]，且不是惠能度。善知识，心中众生，所谓邪迷心、诳妄心、不善心、嫉妬心、恶毒心，如是等心，尽是众生。各须自性自度，是名真度。何名自性自度？即自心中邪见、烦恼、愚痴众生，将正见[③]度。既有正见，使般若智打破愚痴迷妄众生，各各自度。邪来正度，迷来悟度，愚来智度，恶来善度。如是度者，名为真度。

“又烦恼无边誓愿断，将自性般若智除却虚妄思想心是也。又法门无尽誓愿学，须自见性，常行正法，是名真学。又无上佛道誓愿成，既常能下心，行于真正，离迷离觉，常生般若，除真除妄，即见佛性，即言下佛道成。常念修行，是愿力法。

【注】 ①四弘誓愿：一切菩萨于因位时所应发起的四种誓愿。又称四弘誓、四弘愿行、四弘行愿、四弘愿。略称四弘，或称总愿。各经论关于四弘誓愿说法颇有异同。我国佛教界现在一般多取“众生无边誓愿度，烦恼无尽誓愿断，法门无量誓愿学，佛道无上誓愿成”四句，这四句分别对应于苦谛、集谛、灭谛、道谛四圣谛。②恁么道：这样说。③正见：八正道之一，十善之一，为“邪见”的对称。如远离身见、边见、邪见、见取见、戒禁取见等“五不正见”的见解皆属正见。故广泛言之，凡为佛教所认可的道理，皆属正见。

【按】

前面惠能讲自性自度，都是从自性佛、自性菩提而言，这里又从自心众生、自心烦恼而言。这是符合般若中道思想的。从般若中道的智慧来看，空有不二，真妄不二，众生即佛，烦恼即菩提，生死即涅槃。既然佛、菩提皆自性本有，当然众生、烦恼也应该是自心所具，因为自性本自具足，自性能含万法。这里佛教一切唯心造的思想就很明显。

佛教讲解脱都是自我解脱，佛陀虽然神通无边，但不能代替其他任何人解脱，佛陀只是把解脱的法门告诉众生，修行要靠众生自己。惠能说“且不是惠能度”也是这个意思，惠能虽然能把顿教法门传给众生，但不能度任何众生，解脱完全靠个人自己修行。这是自性自度的又一重要含意。基督教讲人类不能自我拯救，必须靠上帝，这与佛教是不同的。

“行于真正，离迷离觉，常生般若，除真离妄，即见佛性。”这就是惠能在第一品所讲的“佛法是不二之法”“无二之性，即是佛性”。虽然惠能经常讲心要不迷而觉悟，但是也不能执著于觉悟，否则就成为障碍；同样，佛教讲要离妄归真，但是也不能执著于真，否则也会成障碍。这样两边都不执著，就能脱离分别对待，就能见佛性。这就是彻底的般若精神，彻底的无不执著的精神，连不执著这一观念本身也不执著。

“善知识，今发四弘愿了，更与善知识授无相三归依戒[①]。

“善知识，归依觉，两足尊[②]；归依正，离欲尊；归依净，众中尊。从今日起，称觉为师，更不归依邪魔外道。以自性三宝，常自证明，劝善知识，归依自性三宝。佛者，觉也；法者，正也；僧者，净也。自心归依觉，邪迷不生，少欲知足，能离财色，名两足尊。自心归依正，念念无邪见，以无邪见故，即无人我贡高[③]贪爱执著，名离欲尊。自心归依净，一切尘劳爱欲境界，自性皆不染著，名众中尊。若修此行，是自归依。凡夫不会，从日至夜，受三归戒。若言归依佛，佛在何处？若不见佛，凭何所归？言却成妄。

“善知识，各自观察，莫错用心。经文分明言‘自归依佛’，不言‘归依他佛’。自佛不归，无所依处。今既自悟，各须归依自心三宝。内调心性，外敬他人，是自归依也。

【注】 ①无相三归依戒：三归依，梵文音译，又作三皈依、三归、三归戒等。归依含有救护、趣向之义。三归依即归投、依靠三宝，并请求救护，以永远解脱一切苦。即指归依佛、归依法、归依僧。这是成为佛教徒所必经的仪式。无相三归依戒即指归依自性三宝，而不归依外在的佛、法、僧。②两足尊：又作无上两足尊、二足尊，为佛十大尊号之一。两足尊有二义：(一)两足类生命是所有生命中最尊贵的，而在所有天、人两足类生命中佛最尊贵，故谓两足尊。(二)两足比喻为权实、戒定、福慧、解行等，佛即具足此两足，而游行法界，无所障碍，故谓两足尊。③贡高：傲慢自大。

【按】

所谓自性三宝，是惠能根据他自己的自性佛的思想，对三宝佛、法、僧各自的本质内涵所作的发挥或灵活解释。佛，意为觉悟者，其本质是觉悟，觉悟依靠的是各自的本性，所以惠能说归依佛就是归依觉，归依自性。佛所说的一切法都是正法，一切与佛法相违背的都是邪法，佛是依自性而成，佛说法也是依自性而说，所以惠能说归依法就是归依正，归依自性。僧，也称僧伽，梵文音译，意译为“和合众”等。僧本义是指僧团，但中国佛教也常用来指单个僧人。僧众都是持心清净、依清净戒、修清净行的清修者，所以惠能说归依僧就是归依净，归依自性。这里可见惠能思想的活泼和不拘泥。对于那些一味依赖身外之佛和僧众，而不刻苦自修心性的信众而言，惠能此说无异于当头棒喝！

“善知识，既归依自三宝竟，各各志心，吾与说一体三身自性佛[①]，令汝等见三身，了然自悟自性，总随我道：‘于自色身，归依清净法身佛；于自色身，归依千百亿化身佛；于自色身，归依圆满报身佛。’

“善知识，色身是舍宅，不可言归。向者三身佛在自性中，世人总有。为自心迷，不见内性，外觅三身如来，不见自身中有三身佛。汝等听说，令汝等于自身中见自性有三身佛。此三身佛，从自性生，不从外得。

“何名清净法身佛？世人性本清净，万法从自性生。思量一切恶事，即生恶行；思量一切善事，即生善行。如是诸法在自性中，如天常清，日月常明，为浮云盖覆，上明下暗，忽遇风吹云散，上下俱明，万象皆现。世人性常浮游，如彼天云。善知识，智如日，慧如月，智慧常明。于外著境，被妄念浮云盖覆自性，不得明朗。若遇善知识，闻真正法，自除迷妄，内外明彻，于自性中，万法皆现。见性之人，亦复如是。此名清净法身佛。

“善知识！自心归依自性，是归依真佛。自归依者，除却自性中不善心、嫉妬心、谄曲心、吾我心、诳妄心、轻人心、慢他心、邪见心、贡高心，及一切时中不善之行，常自见己过，不说他人好恶，是自归依。常须下心，普行恭敬，即是见性通达，更无滞碍，是自归依。

“何名圆满报身？譬如一灯能除千年暗，一智能灭万年愚。莫思向前，已过不可得；常思于后，念念圆明，自见本性。善恶虽殊，本性无二。无二之性，名为实性。于实性中，不染善恶，此名圆满报身佛。自性起一念恶，灭万劫善因；自性起一念善，得恒沙[②]恶尽。直至无上菩提。念念自见，不失本念，名为报身。

“何名千百亿化身？若不思万法，性本如空。一念思量，名为变化。思量恶事，化为地狱；思量善事，化为天堂。毒害化为龙蛇，慈悲化为菩萨，智慧化为上界[③]，愚痴化为下方[④]。自性变化甚多，迷人不能省觉。念念起恶，常行恶道。回一念善，智慧即生。此名自性化身佛。

“善知识，法身本具。念念自性自见，即是报身佛。从报身思量，即是化身佛。自悟自修自性功德，是真归依。皮肉是色身，色身是宅舍，不言归依也。但悟自性三身，即识自性佛。吾有一《无相颂》，若能诵持，言下令汝积劫迷罪，一时销灭。颂曰：

迷人修福不修道，只言修福便是道；
布施供养福无边，心中三恶元来造。
拟将修福欲灭罪，后世得福罪还在；
但向心中除罪缘，各自性中真忏悔。
忽悟大乘真忏悔，除邪行正即无罪；
学道常于自性观，即与诸佛同一类。
吾祖惟传此顿法，普愿见性同一体；
若欲当来觅法身，离诸法相心中洗。
努力自见莫悠悠，后念忽绝一世休；
若悟大乘得见性，虔恭合掌至心求。”

师言：“善知识，总须诵取，依此修行。言下见性，虽去吾千里，如常在吾边。于此言下不悟，即对面千里，何勤远来？珍重好去。”

一众闻法，靡不开悟，欢喜奉行。

【注】 ①一体三身自性佛：三身，又称三佛、三佛身，其分类与名称在经论中有多种异说，主要有：1. 法身、报身、应身；2. 自性身（又名法身）、受用身、变化身；3. 法身、应身、化身；4. 法身、报身、化身。第一、第四两种说法较常用。惠能即取第四种。法身由真如的理体所证显；报身是酬报因位无量愿行的相好庄严身；化身是应所化众生之机感而化现的佛身。以释迦牟尼佛为例，王宫所生身是应身；有无胜庄严净土的是报身；证得实相真如之理，与此理无二无别、常住湛然的是法身。三佛身以法身为本，本是一体，惠能又认为三者在自性之中，故谓“一体三身自性佛”。②恒沙：恒河之沙，印度常用的比喻，形容数量极多，无法计算。可参考前面《金刚经》“无为福胜分第十一”注①。③上界：指三界诸天，即欲界天、色界天、无色界天。④下方：指地狱、饿鬼、畜生三恶道。

【按】

佛是自性佛，三佛身当然也是从自性出，三身皆以法身为本，故三身自性佛是一体。这不过是惠能运用其自性佛思想重新解释三佛身之义，同时进一步强调三归依是“自心归依自性”的“自归依”。

法身佛本来清净，亦即人自性本来清净，本自具足万法。如清天朗月，晴空丽日，被浮云遮蔽，人本来清净的自性，也被妄念之浮云覆盖。风开云散，日月俱明，万象皆现，同样，除却迷妄，智日慧月常明，万法在自性中尽皆朗现，即得清净法身佛。

这里又出现那个根本性的问题：既然人自性本来清净，覆盖本性的妄念从何而来？这是大小显密、汉、藏、南传一切佛教最根本的问题。按照佛教的回答，妄念由无明而起，无明从无始以来本就存在。所谓无明，简单而言，就是对佛教的缘起法、四圣谛等道理的无知。无明由何而来？佛教认为这是只有佛才能回答的问题。可惜的是，找遍三藏，也没有谁发现佛是如何回答这个问题的。一种不违背佛理的可能的解释是，无明与佛，是相互依赖的方便安立。承认有佛，那么所有未成佛的众生，就都具有程度不等的无明，须除尽无明，才能最终成佛。如果不承认有无明，也就无所谓成佛。因为正是无明让众生起惑造业，生死轮回，终不得脱，所以如果不承认有无明，也就不需要成佛解脱，就像如果根本就没有任何疾病，也就不需要药一样。

不要误解“吾祖惟传此顿法”，以为“吾祖”是指佛陀或菩提达磨。因为佛陀所传佛法大小显密、顿渐偏圆无所不包，并非惟传顿法，菩提达磨所传禅宗与惠能所谓顿法也大有差别。此处所谓“吾祖”，也许是指“五祖”弘忍吧。

机缘第七

师自黄梅得法，回至韶州曹侯村，人无知者。有儒士刘志略，礼遇甚厚。志略有姑为尼，名无尽藏，常诵《大涅槃经》。师暂听，即知妙义，遂为解说。尼乃执卷问字。

师曰：“字即不识，义即请问。”

尼曰：“字尚不识，焉能会义？”

师曰：“诸佛妙理，非关文字。”

尼惊异之，遍告里中耆德云：“此是有道之士，宜请供养。”

有魏武侯玄孙曹叔良及居民，竞来瞻礼。时宝林古寺，自隋末兵火已废，遂于故基重建梵宇①，延师居之，俄成宝坊。师住九月余日，又为恶党寻逐，师乃遁于前山。被其纵火焚草木，师隐身挨入石中得免。石今有师趺坐膝痕及衣布之纹，因名“避难石”。师忆五祖怀会止藏之嘱②，遂行隐于二邑焉。

【注】 ①梵宇：佛寺的别称。②怀会止藏之嘱：见《行由第一》之注释。

【按】

“诸佛妙理，非关文字。”这八个字与“不立文字”四个字一样，都成为禅宗响当当的招牌性口号。强调其中道理对修行实践的重要性，对于那些纸上谈兵、只说不练的知解之徒，自有其实践上的对治性。但就其本身所蕴含的道理而言，其实并不像素喜“口头禅”的票友所津津乐道的那样，以为都是惠能首创。因为佛教从一开始就认为，世界的最高真理不可思，不可议，达到最高境界时，能知之智和所知之境不再有别，能所不二，境智一如，心行处绝，言语道断。且不说外来的佛教，就是我们本土的《老子》，也早已说过“道可道，非常道”。更何况，唐朝以后，禅宗自己也提倡禅教结合，从“不立文字”走向“不离文字”。已悟者自己当然可以完全“不立文字”，但如果他要把自己所悟之道传授他人，他就得表意，即使不用文字，也得用其他方式。如果文字比其他方式更方便的话，为什么不用呢？佛陀弘法并没有完全否定放弃文字，只不过不拘泥执著于文字罢了。可见“不离文字”而又不著文字才是必然趋势。青目在《中论》注释中早就批判过“不知佛意，但著文字”（《中论·观因缘品第一》青目注）的现象。《庄子》也早已知道这个道理，所以他只是提倡得兔忘蹄、得鱼忘筌式的得意忘言，而并没有走向极端，认为尚未得意就要把文字给忘得一干二净。

僧法海，韶州曲江人也。初参祖师。

问曰：“即心即佛，愿垂指谕。”

师曰：“前念不生即心，后念不灭即佛；成一切相即心，离一切相即佛。吾若具说，穷劫不尽，听吾偈曰：

即心名慧，即佛乃定。

定慧等持，意中清净。

悟此法门，由汝习性[1]。
用本无生，双修是正。”

法海言下大悟，以偈赞曰：

“即心元是佛，不悟而自屈，
我知定慧因，双修离诸物。”

僧法达，洪洲人，七岁出家，常诵《法华经》[2]。来礼祖师，头不至地。

师诃曰：“礼不投地，何如不礼。汝心中必有一物，蕴习何事耶？”曰：“念《法华经》已及三千部[3]。”

师曰：“汝若念至万部，得其经意，不以为胜，则与吾偕行。汝今负此事业，都不知过。听吾偈曰：

礼本折慢幢[4]，头奚不至地？
有我罪即生，亡功福无比。”

师又曰：“汝名什么？”曰：“名法达。”师曰：“汝名法达，何曾达法？”复说偈曰：

汝今名法达，勤诵未休歇，
空诵但循声，明心号菩萨。
汝今有缘故，吾今为汝说，
但信佛无言，莲华从口发。”

达闻偈，悔谢曰：“而今而后，当谦恭一切。弟子诵《法华经》，未解经义，心常有疑，和尚智慧广大，愿略说经中义理。”

师曰：“法达，法即甚达，汝心不达。经本无疑，汝心自疑。汝念此经，以何为宗？”达曰：“学人根性暗钝，从来但依文诵念，岂知宗趣？”师曰：“吾不识文字，汝试取经诵一遍，吾当为汝解说。”

法达即高声念经，至《譬喻品》，师曰：“止。此经元来以因缘出世[5]为宗，纵说多种譬喻，亦无越于此。何者因缘？经云：‘诸佛世尊，唯以一大事因缘出现于世。’一大事者，佛之知见也。世人外迷着相，内迷着空；若能于相离相，于空离空，即是内外不迷。若悟此法，一念心开，是为开佛知见[6]。

“佛犹觉也，分为四门：开觉知见，示觉知见，悟觉知见，入觉知见。若闻开示，便能悟入，即觉知见，本来真性，而得出现。汝慎勿错解经意，见他道开示悟入，自是佛之知见，我辈无分。若作此解，乃是谤经毁佛也。彼既是佛，已具知见，何用更开？汝今当信佛知见者，只汝自心，更无别佛。盖为一切众生，自蔽光明，贪爱尘境，外缘内扰，甘受驱驰，便劳他世尊从三昧起，种种苦口⑦，劝令寝息，莫向外求，与佛无二。故云开佛知见。

“吾亦劝一切人，于自心中，常开佛之知见。世人心邪，愚迷造罪，口善心恶，贪瞋嫉妒，谄佞我慢，侵人害物，自开众生知见。若能正心，常生智慧，观照自心，止恶行善，是自开佛之知见。汝须念念开佛知见，勿开众生知见。开佛知见，即是出世；开众生知见，即是世间。汝若但劳劳执念，以为功课者，何异牦牛爱尾⑧？”

【注】 ①习性：又名习种性，即通过研习佛教经典和遵从佛法修行所习得的种性。②《法华经》：《妙法莲华经》的简称。是天台宗立说的主要依据，是大乘佛教最重要的经典之一，共有二十八品。收在《大正藏》第九册。妙法，意为所说教法微妙无上；莲华，比喻经典洁白完美。此经主旨，重点在弘扬三乘方便、一乘真实、会三归一，即声闻、缘觉、菩萨三乘归于一佛乘，认为一切众生皆能成佛。本经在佛教思想史、佛教文学史上具有不朽的价值。汉译此经有六种，现存者有如下三种：竺法护译(286)《正法华经》(十卷二十七品)、鸠摩罗什译(406)《妙法莲华经》(七卷二十七品)、阇那崛多与达磨笈多译(601)《添品妙法莲华经》(七卷二十七品)。最流行的是鸠摩罗什译的《妙法莲华经》。③三千部：三千遍。④慢幢：比喻极其傲慢。“幢”，梵文 dhvaja 意译，又作宝幢、天幢、法幢。旗的一种，附有种种丝帛，用以庄严佛、菩萨及道场。⑤出世：这里指出现在世间。⑥佛知见：即佛的智慧。⑦种种苦口：根据不同情况，利用种种方法说法教化。⑧牦牛爱尾：典出《法华经·方便品》。比喻众生愚昧无知，执迷不悟，执著于导致自己生死轮回的各种欲望，就像牦牛爱惜自己的尾巴那样。

【按】

“即心即佛”也是后世禅宗标志性的“口头禅”。惠能此处解释并不像后世那样飘忽玄虚。惠能认为，不分先后、平等无别地双修定慧，达到定慧一体，般若心现照，就是即心即佛。这其实还是《华严经》“心佛与众生，是三无差别”思想的翻版。佛由心生，众生心与佛心本性无别，但众生并非当下现成就是佛，只有了悟本心本有，双修定慧，本心发用，才当下是佛。用法海悟偈说就是：心之本性本来是佛，于此不悟就委屈了自己的本心，定慧是识心成佛的原因，只有双修定慧，心才能不执著于虚幻不实的事物，而当下即佛。以上是总说“即心即佛”。至于“前念不生即心，后念不灭即佛；成一切相即心，离一切相即佛”，则是分说，即分别就各种具体情况而言。就心念的生灭而言，“前念不生”即不执著于已生之念，“后念不灭”即不有意克制未起之念，这就是“即心即佛”。就心与事物及现象的关系而言，“成一切相即心”是说心能生一切事物和现象，“离一切相即佛”是说心生一切的同时又不为一切所束缚，这也是“即心即佛”。

自觉自了当然不容易，若同时又能觉他化他，就更不容易。作为觉悟者，惠能虽然不在乎他人是否毕恭毕敬地礼拜他，但这并不意味着他不可以借敬礼之事因事应机地教化学人。本来拜佛拜菩萨的内涵之一，就是对治自己的我慢心，因为我慢是修行之大忌。法达勤颂《法华经》三千遍，自以为很了不起，心生我慢，对惠能施礼不肯按礼数额头着地。惠能看出他我慢心很重，因此为了点化他，毫不留情地直接道破。既然法达我慢心很重，就说明他的我执很重，这就表明他虽然勤于念经，但并未真正进入修行，因此难以明心见性，觉悟不执著于文字的佛理。“有我罪即生，亡功福无比”，意为有我执就会产生罪业，不刻意追求功德才会获得真正的福报。“空诵但循声，明心号菩萨”，意为不解其义只是口头上念经不是真正的修行，只有明心开悟才是菩萨。“但信佛无言，莲华从口发”，意为佛法不在于语言文字，懂得了这点就真正懂得了《妙法莲华经》

佛的智慧只在自心，不在心外，只要自心既不执著于外在虚幻不实的假有，也不执著于空无一切的虚无，就是“开佛知见”即拥有了佛的智慧。有了佛的智慧，就超脱了世间。如果只有众生的智慧，那就陷于世间。

达曰：“若然者，但得解义，不劳诵经耶?”师曰：“经有何过，岂障汝念？只为迷悟在人，损益由己。口诵心行，即是转经[①]；口诵心不行，即是被经转。听吾偈曰：

心迷《法华》转，心悟转《法华》。
诵经久不明，与义作仇家。
无念念即正，有念念成邪。
有无俱不计，长御白牛车[②]。”

达闻偈，不觉悲泣，言下大悟，而告师曰：“法达从昔已来，实未曾转《法华》，乃被《法华》转。”再启曰：“经云：诸大声闻乃至菩萨，皆尽思共度量，不能测佛智。今令凡夫但悟自心，便名佛之知见，自非上根，未免疑谤。又经说三车[③]，羊鹿牛车，与白牛之车，如何区别？愿和尚再垂开示。”

师曰：“经意分明，汝自迷背。诸三乘人[④]不能测佛智者，患在度量也。饶伊[⑤]尽思共推，转加悬远。佛本为凡夫说，不为佛说，此理若不肯信者，从他退席。殊不知坐却白牛车，更于门外觅三车。况经文明向汝道：唯一佛乘，无有余乘。若二若三，乃至无数方便，种种因缘，譬喻言词，是法皆为一佛乘故。汝何不省？三车是假，为昔时故；一乘是实，为今时故。只教汝去假归实。归实之后，实亦无名。应知所有珍财，尽属于汝，由汝受用，更不作父想[⑥]，亦不作子想，亦无用想，是名持《法华经》。从劫至劫，手不释卷，从昼至夜，无不念时也。”

达蒙启发，踊跃欢喜，以偈赞曰：

“经诵三千部，曹溪一句亡。
未明出世旨，宁歇累生狂。
羊鹿牛权设，初中后善扬[⑦]。
谁知火宅[⑧]内，元是法中王[⑨]。”

师曰：“汝今后方可名念经僧也。”达从此领玄旨，亦不辍诵经。

【注】 ①转经：指读诵经文。②白牛车：《法华经》指一佛乘，此处指惠能的所说的顿法。③三车：《法华经》以羊车、鹿车、牛车分别比喻声闻、缘觉、菩萨三乘。三乘是方便，一佛乘（大白牛车）是真实，三乘同归于一佛乘。④三乘人：指声闻、缘觉、菩萨。⑤饶伊：任由他。⑥不作父想："父"指《法华经·信解品第四》中的"大富长者"，他把无数珍宝留给失散多年后相认的贫穷儿子。珍宝比喻众生本有的佛性。不作父想，意为众生本有佛性，不要以为是父亲给的。⑦初中后善扬：初善指羊车所喻的声闻乘，中善指鹿车所喻的缘觉乘，后善指牛车所喻的菩萨乘。这三乘都是方便，只有一佛乘是真实，三乘都须归于一佛乘，所以说"羊鹿牛权设，初中后善扬。"⑧火宅：佛教用来比喻生死轮回的三界。⑨法中王：指脱离生死轮回苦海的觉悟者。

【按】

“心迷《法华》转，心悟转《法华》”，意为迷惑本心者念《法华经》反被其所束缚，觉悟本心者才能真正借助《法华经》开启自己本有的佛智慧。“无念念即正，有念念即邪”，意为不执著于任何念头就是正见，执著于任何念头就是邪见。“有无俱不计，长御白牛车”，意为有念无念都不执著，即可成佛。

“只教汝去假归实。归实之后，实亦无名。”这里还是强调佛说一切都是不坏假名而说诸法实相的般若思想。“应知所有珍财，尽属于汝，由汝受用，更不作父想，亦不作子想，亦无用想，是名持《法华经》”，这是强调般若无所执著的精神。“珍财”比喻佛性，“尽属于汝，由汝受用”意为佛性都是各人自有。“更不作父想，亦不作子想，亦无用想”强调无念为宗。

僧智通，寿州安丰人，初看《楞伽经》[①]约千余遍，而不会三身四智，礼师求解其义。

师曰：“三身者，清净法身，汝之性也；圆满报身，汝之智也；千百亿化身，汝之行也。若离本性别说三身，即名有身无智。若悟三身无有自性，即名四智[②]菩提。听吾偈曰：

自性具三身，发明成四智。
不离见闻缘，超然登佛地。
吾今为汝说，谛信永无迷，
莫学驰求者，终日说菩提。”

通再启曰：“四智之义，可得闻乎？”

师曰：“既会三身，便明四智，何更问耶？若离三身，别谈四智，此名有智无身，即此有智，还成无智。”复说偈曰：

大圆镜智性清净，平等性智心无病。
妙观察智见非功，成所作智同圆镜。
五八六七果因转[③]，但用名言无实性。
若于转处不留情，繁兴永处那伽定。[④]

通顿悟性智，遂呈偈曰：

三身元我体，四智本心明。
身智融无碍，应物任随形。
起修皆妄动，守住匪真精。
妙旨因师晓，终亡染污名。

【注】 ①楞伽经：全称《楞伽阿跋多罗宝经》，又称《入楞伽经》。楞伽，山名；阿跋多罗，入之义。意谓佛陀入此山所说的宝经，是印度法相唯识系和如来藏系的重要经典，是唯识宗所依六经之一。本经宣说诸法皆幻，皆由心造，我们认识作用的对象不在外界而在内心。本经把如来藏思想与唯识阿赖耶识思想结合起来，宣称迷的根源在于无始以来的习气及未能了知诸法乃自心之显现，因此若能彻悟意识之本性，舍离能取、所取的对立，即可臻于无所分别的境界。本经成立年代约在公元四百年前后，是代表印度后期大乘佛教思想的经典。汉译本现存三种：(1)刘宋求那跋陀罗(443年)所译的《楞伽阿跋多罗宝经》，四卷，又称"四卷《楞伽经》""宋译《楞伽经》"。(2)北魏菩提流支(513)所译的《入楞伽经》，十卷，又称"十卷《楞伽经》"、魏译《楞伽经》。(三)唐代实叉难陀(700～704)所译的《大乘入楞伽经》，七卷，又称"七卷《楞伽经》""唐译《楞伽经》"。三种汉译本都收在《大正藏》第十六册。其中四卷《楞伽经》是菩提达磨付嘱慧可的译本，因此一直为禅宗所重视。②四智：这里指佛果四智，全称四智心品。唯识宗所立。即将有漏的第八阿赖耶识、第七末那识、第六意识，及眼耳鼻舌身前五识分别转变为大圆镜智、平等性智、妙观察智、成所作智等四种无漏智。大圆镜智，指如来真智，本性清净，离诸尘染，洞彻内外，无幽不烛。如大圆镜，洞照万物，无不明了。平等性智，指如来观一切法，与诸众生皆悉平等，以大慈悲心，随其根机，示现开导，令其证入。妙观察智，指如来善能观察诸法，圆融次第；又知众生根性乐欲，以无碍辩才，说诸妙法，令其开悟，获大安乐。成所作智，指如来为欲利乐诸众生故，普于十方世界，示现种种神通变化，引诸众生，令入圣道，成就本愿力所应作事。惠能此处虽借用唯识宗名相，但对四智的解释并不完全按照唯识宗教义，而是根据他自己所接受的其他佛教思想加以解释。③五八六七果因转：前五识和第八识必须到成就佛果时才能分别转为成所作智和大圆镜智，这叫"果上转"；第六识和第七识在没有成就佛果时就可以分别转为妙观察智和平等性智，这叫"因中转"。④繁兴永处那伽定：繁兴，指喧嚣纷乱的尘世。那伽定，指佛的禅定。全句意为不离喧嚣纷乱的世间而永远处于佛所具有的定境。

【按】

三身不离自性，这是上一品已经说过的观点；四智是佛果所具，佛不离自性本心，四智当然也不例外。所以用智通总结说："三身元我体，四智本心明。""起修皆妄动，守住匪真精"，这明显是针对神秀禅法的。惠能秉持的是金刚般若的无住精神，当然要反对"守住"的做法。修行，惠能当然不反对也不可能反对，因此"起修皆妄动"反对的不是修行，而是不明自性本心的修行。

僧智常，信州贵溪人，髫年出家，志求见性。

一日参礼，师问曰："汝从何来？欲求何事？"

曰："学人近往洪州白峰山礼大通和尚[①]，蒙示见性成佛之义，未决狐疑，远来投礼，伏望和尚慈悲指示。"

师曰："彼有何言句，汝试举看。"

曰："智常到彼，凡经三月，未蒙示诲。为法切故，一夕独入丈室，请问如何是某甲本心本性？大通乃曰：'汝见虚空否？'对曰：'见'。彼曰：'汝见虚空有相貌否？'对曰：'虚空无形，有何相貌？'彼曰：'汝之本性，犹如虚空，了无一物可见，是名正见。无一物可知，是名真知。无有青黄长短，但见本源清净，觉体圆明，即名见性成佛，亦名如来知见。'学人虽闻此说，犹未决了，乞和尚开示。"

师曰："彼师所说，犹存见知，故令汝未了。吾今示汝一偈：

不见一法存无见[②]，大似浮云遮日面。
不知一法守空知[③]，还如太虚生闪电。
此之知见瞥然兴，错认何曾解方便[④]。
汝当一念自知非，自己灵光常显现。"

常闻偈已，心意豁然，乃述偈曰：

"无端起知见，著相[⑤]求菩提，
情存一念悟，宁越昔时迷？[⑥]
自性觉源体，随照枉迁流。
不入祖师室，茫然趣两头[⑦]。"

智常一日问师曰："佛说三乘法，又言最上乘，弟子未解，愿为教授。"

师曰："汝观自本心，莫著外法相。法无四乘[⑧]，人心自有等差。见闻转诵是小乘，悟法解义是中乘，依法修行是大乘。万法尽通，万法俱备，一切不染，离诸法相，一无所得，名最上乘。乘是行义，不在口争。汝须自修，莫问吾也。一切时中，自性自如。"

常礼谢执侍，终师之世。

【注】 ①大通和尚：神秀死后谥号"大通"，又据史籍记载，神秀也没有住过洪州白峰山。因此这里"大通"不知确指何人。②不见一法存无见："不见一法"指上文大通和尚说的

"了无一物可见"。如果认为"了无一物可见",那就起了"无见",这有碍于明心见性,故说"大似浮云遮日面"。③不知一法守空知:"不知一法"指上文大通和尚说的"无一物可知"。惠能认为产生"无一物可知"这样的看法就是执著于"空知"。④错认何曾解方便:"无一物可见""无一物可知"这样的看法,本是为了破除对一切事物的执著而起的方便之见,如果不明白这点却反而去追求作为方便之见的"空知"和"无见",那就是错把方便手段当作最终目的。⑤著相:这里指"存无见"和"守空知"。⑥情存一念悟,宁越昔时迷:如果心存悟的念头,就还是一种执著,是迷的一种表现,怎么能消除过去的迷惑?⑦两头:指"无见"和"空知"。⑧四乘:指声闻、缘觉、菩萨和佛乘。

【按】

大通和尚所说的"但见本源清净,觉体圆明,即名见性成佛,亦名如来知见",与惠能思想并无不同,因此惠能对此未加批判。惠能批判的是大通和尚"无一物可见"的"正见"和"无一物可知"的"真知"。尽管大通也强调"但见本源清净,觉体圆明",但他却认为这是见无、知无之后的事,而实际上见无、知无本身就是"见本源清净,觉体圆明",这两者本是一回事,大通却视为前后两截,难怪惠能要批判他"存无见"和"守空知"。一旦起了无见和空知,成佛就无望了。龙树《中论·观行品第十三》说:"大圣说空法,为离诸见故。若复见有空,诸佛所不化。"龙树所谓"见有空"就相当于惠能所说的"存无见"和"守空知"。

"万法尽通,万法俱备,一切不染,离诸法相,一无所得,名最上乘。"怎么才能悟入这种"最上乘"的境界呢?境界本身并不能代替达到这种境界的修行,否则就是把目的直接当作修行的手段和过程,其错误就像惠能自己所批判的把手段当作目的一样。

僧志道,广州南海[①]人也。请益曰:"学人自出家,览《涅槃经》十载有余,未明大意,愿和尚垂诲。"

师曰:"汝何处未明?"

曰:"'诸行无常,是生灭法,生灭灭已,寂灭为乐[②]。'于此疑惑。"

师曰:"汝作么生疑?"

曰:"一切众生皆有二身,谓色身、法身也。色身无常,有生有灭;法身有常,无知无觉。经云'生灭灭已,寂灭为乐'者,不审何身寂灭?何身受乐?

若色身者，色身灭时，四大分散[3]，全然是苦，苦不可言乐。若法身寂灭，即同草木瓦石，谁当受乐？又法性是生灭之体，五蕴是生灭之用；一体五用，生灭是常；生则从体起用，灭则摄用归体。若听更生，即有情之类，不断不灭；若不听更生，则永归寂灭，同于无情之物。如是，则一切诸法被涅槃之所禁伏，尚不得生，何乐之有？"

师曰："汝是释子，何习外道断常[4]邪见，而议最上乘法？据汝所说，即色身外别有法身，离生灭求于寂灭，又推涅槃常乐，言有身受用。斯乃执吝生死，耽著世乐。汝今当知，佛为一切迷人，认五蕴和合为自体相，分别一切法为外尘相，好生恶死，念念迁流，不知梦幻虚假，枉受轮回，以常乐涅槃，翻为苦相，终日驰求。佛愍此故，乃示涅槃真乐，刹那无有生相，刹那无有灭相，更无生灭可灭，是则寂灭现前。当现前时，亦无现前之量，乃谓常乐。此乐无有受者，亦无不受者，岂有一体五用之名？何况更言涅槃禁伏诸法，令永不生，斯乃谤佛毁法。听吾偈曰：

无上大涅槃，圆明常寂照。
凡愚谓之死，外道执为断。
诸求二乘人，目以为无作。
尽属情所计，六十二见[5]本。
妄立虚假名，何为真实义？
惟有过量人，通达无取舍。
以知五蕴法，及以蕴中我，
外现众色像，一一音声相，
平等如梦幻，不起凡圣见，
不作涅槃解，二边三际[6]断。
常应诸根用，而不起用想。
分别一切法，不起分别想。
劫火烧海底，风鼓山相击，
真常寂灭乐，涅槃相如是。
吾今强言说，令汝舍邪见。
汝勿随言解，许汝知少分。

志道闻偈大悟，踊跃作礼而退。

【注】 ①广州南海：今广东佛山。②诸行无常，是生灭法，生灭灭已，寂灭为乐：世间万物迁流不住，变化无常，有生有灭，这种生灭法是苦；生、灭停止了，就达到无生无灭的寂灭涅槃境界，这就是乐。此偈称“诸行无常偈”，又叫“雪山偈”，出自《大般涅槃经》卷十四。③四大分散：佛教认为包括人的肉体在内的世间一切物质性的存在，都是由地水火风四大组成。“四大分散”这里指肉体死亡。④断常：断即断灭，常即永存，这两种对事物的见解都是错误的观点。⑤六十二见：佛教所说的外道的六十二种错误观点，这里指一切错误的观点。⑥三际：指过去、现在、未来三世。

【按】

惠能指出，志道的毛病，一在离色身法身为二，以为法身在色身之外；二在以涅槃常乐为实有，不知此乃佛见凡夫陷于生死轮回，却不但不知反而好生恶死，以涅槃寂灭为苦，为对治众生这一迷执，佛乃说寂灭常乐。志道的这种毛病，也是《涅槃经》等大乘经典中经常批评的。

行思禅师[①]，生吉州安城[②]刘氏，闻曹溪法席盛化，径来参礼。

遂问曰：“当何所务，即不落阶级[③]？”师曰：“汝曾作什么来？”曰：“圣谛亦不为[④]。”师曰：“落何阶级？”曰：“圣谛尚不为，何阶级之有？”

师深器之，令思首众。一日，师谓曰：“汝当分化一方，无令断绝。”

思既得法，遂回吉州青原山，弘法绍化(敕谥弘济禅师)。

怀让禅师[⑤]，金州[⑥]杜氏子也。初谒嵩山安国师[⑦]，安发之曹溪参扣。让至，礼拜。

师曰：“甚处来？”曰：“嵩山。”

师曰：“什么物，恁么来？”

曰：“说似一物即不中[⑧]。”

师曰：“还可修证否？”

曰：“修证即不无，污染即不得。”

师曰：“只此不污染，诸佛之所护念。汝既如是，吾亦如是。西天般若多罗谶[⑨]，汝足下出一马驹，踏杀天下人[⑩]。应在汝心，不须速说。”

让豁然契会，遂执侍左右一十五载，日臻玄奥。后往南岳，大阐禅宗（敕谥大慧禅师）。

【注】 ①行思禅师：据《景德传灯录》卷五和《宋高僧传》卷九记载，行思（671～740），吉州安城（江西安福）人，俗姓刘。幼年出家，就六祖惠能学法。与南岳怀让并称二大弟子，同嗣六祖之法。后住吉州青原山静居寺，故号青原行思。。门下弟子以石头希迁最为著名。其法系相对于“南岳下”而称为“青原下”，后来衍生出云门、曹洞、法眼等三系。僖宗赐谥“洪济（一作弘济）禅师”。②吉州安城：治在今江西吉安。③不落阶级：不落入有阶段层次的渐修法门。④圣谛亦不为：连佛所说的道理也不去修。圣谛，这里指佛所说的道理。⑤怀让禅师：据《景德传灯录》卷五和《宋高僧传》卷九记载，怀让（677～744），金州安康（陕西汉阴）人，俗姓杜。在玉泉寺出家，后到嵩山慧安处习禅，然后又到韶州参见惠能，为惠能高足，留侍十五年。六祖示寂后，始于唐玄宗先天二年（713）住于湖南南岳般若寺观音台，宣扬惠能学说，开南岳一系，世称南岳怀让。其法系相对于青原行思法系“青原下”而称“南岳下”，同为南宗禅的两大法流。弟子马祖道一继承其法流，其后发展成临济、沩仰等宗派。另有普化、黄檗等两宗也属于其法系。唐敬宗追谥“大慧禅师”。有《南岳大慧禅师语录》行世。⑥金州：今陕西安康。⑦安国师：指慧安。据《景德传灯录》卷四盒《宋高僧传》卷十八记载，慧安（582～709），荆州支江（湖北）人，俗姓卫。又称老安、道安、大安。禅宗五祖弘忍十大弟子之一。唐贞观（627～649）年中，到黄梅山参谒五祖，遂得心旨。中宗神龙二年（706），帝赐紫衣，尊以师礼，延入宫中，供养三载，故称“安国师”。景龙三年（709），辞归嵩岳少林寺，是年三月八日，闭户偃身而入寂，世寿128岁。⑧说似一物即不中：佛教所证悟的最高境界离言绝相，无可比拟，故曰“说似一物即不中”。这句话后来常为禅僧所引用。寒山“无物堪比伦，教我如何说”之诗句，与此意同。⑨西天般若多罗谶：西天般若多罗，禅宗所立的西天第二十七祖，菩提达磨之师，据说是他派菩提达磨到东土弘法，并留下许多谶语，预言佛法在东土传布的情况。谶，将来要应验的预言。⑩汝足下出一马驹，踏杀天下人：指怀让门下马祖道一出现之后，禅宗大兴。据《景德传灯录》卷六和《宋高僧传》卷十记载，马祖道一（709～788），唐代禅僧，汉州（四川广汉）人，俗姓马，名道一，世称马大师、马祖。初从资州（治所在今四川资中）唐和尚（即处寂）出家习禅，后就怀让习曹溪禅法十年。曾在建阳（今属福建）佛迹岭、临州（今属江西）、南康龚公山（今属江西）等处传禅。大历四年（769），驻锡钟陵（江西进贤）开元寺，学者云集，化缘大盛。马祖以“平常心是道”“即心是佛”大弘禅风，入室弟子有百丈怀海、南泉普愿、大梅法常等一百三十九人。马祖创办丛林，以安禅侣，因此宗门愈盛，转化无穷。唐宪宗谥为“大寂禅师”。其派发展甚大，称为“洪州宗”。道一之于怀让，恰如希迁之于行思，在弘扬禅法方面，二者素来并称。马祖因在江西阐扬南岳禅风，故亦称“江西禅”，并以“江西马祖”闻名于世。

【按】

青原行思排斥渐修，南岳怀让承认须修证，两人都深得惠能器重，且成为其门下两面旗帜，后世禅宗法系几乎皆出二人门下。由此可见，惠能并非像后世禅宗浊流、逆流、末流那样，不重视修行。

永嘉玄觉禅师[①]，温州戴氏子。少习经论，精天台止观法门[②]，因看《维摩经》，发明心地[③]。偶师弟子玄策相访，与其剧谈，出言暗合诸祖。

策云："仁者得法师谁？"曰："我听方等经论[④]，各有师承，后于《维摩经》，悟佛心宗[⑤]，未有证明者。"策云："威音王[⑥]已前即得，威音王已后，无师自悟，尽是天然外道。"曰："愿仁者为我证据。"策云："我言轻，曹溪有六祖大师，四方云集，并是受法者。若去，则与偕行。"

觉遂同策来参。绕师三匝，振锡[⑦]而立。

师曰："夫沙门[⑧]者，具三千威仪，八万细行[⑨]。大德[⑩]自何方而来，生大我慢？"

觉曰："生死事大，无常迅速。"

师曰："何不体取无生，了无速乎？"

曰："体即无生，了本无速。"

师曰："如是，如是。"

玄觉方具威仪礼拜，须臾告辞。

师曰："返太速乎？"

曰："本自非动，岂有速耶？"

师曰："谁知非动？"

曰："仁者自生分别。"

师曰："汝甚得无生之意。"

曰："无生岂有意耶？"

师曰："无意谁当分别？"

曰："分别亦非意。"

师曰："善哉，少留一宿。"

时谓"一宿觉"。后著《证道歌》，盛行于世（谥曰无相大师，时称为真觉焉)。

【注】 ①永嘉玄觉禅师:玄觉(605~713),温州永嘉人,少年出家,先习天台止观法门,后到曹溪参见惠能。除《证道歌》之外,玄觉还著有《禅宗悟修圆旨》《观心十门》等,都收录于《永嘉集》。②天台止观法门:天台即中国佛教的天台宗,实际创始人为隋智顗。天台宗的核心思想是“一念三千”“三谛圆融”的“性具”思想。智顗以止观双修为佛法之本,所以用“止观法门”指代天台宗的所有教法和修行。③发明心地:明心见性。④方等经论:“方等”也称方广,是九部经或十二部经之一,这里是对大乘佛教经典的通称。⑤佛心宗:禅宗的别名。因为禅宗自称为教外别传,传佛心印,以心传心,故名。⑥威音王:威音王佛,又作寂趣音王佛。是过去庄严劫最初之佛名,此前没有佛。禅门常用“威音王已前”比喻众生的本来面目,也用以表示无量无边的久远之前。⑦振锡:持拄锡杖。⑧沙门:音译,本指无论佛教还是外道的一切出家修行者。这里专指佛教出家人。⑨三千威仪,八万细行:“三千”“八万”并非实指,而是形容数量极多,这里指僧人在戒律之外所应遵循的种种细微的规定。⑩大德:印度对佛、菩萨或高僧的敬称。又比丘中的长老,也称大德。我国不以“大德”一词称佛、菩萨,而用作对高僧的敬称。但近代以来,“大德”一词已广泛使用,凡对有德有行之人,不论其出家、在家,都称之为“大德”;或不限于具足德行与否,而成为佛教界一般性的礼貌称呼。

【按】

这里所谓的“一宿觉”是禅宗著名的一大公案。永嘉与惠能的对答,其所蕴含的佛理固然早已有之,无非是诸法性空、诸相非相之理的一种具体运用,但这种验证问答的风范,在后世禅门却成为一种风气,也是各种禅宗语录争相效仿的范本。

永嘉玄觉的《证道歌》,是禅宗诗歌的杰作。稍录以见一斑。“顿觉了,如来禅,六度万行体中圆。梦里明明有六趣,觉后空空无大千。……游江海,涉山川,寻师访道为参禅。自从认得曹溪路,了知生死不相关。行亦禅,坐亦禅,语默动静体安然。……觉即了,不施功,一切有为法不同。住相布施生天福,犹如仰箭射虚空。势力尽,箭还坠,招得来生不如意。争似无为实相门,一超直入如来地。……江月照,松风吹,永夜清宵何所为。佛性戒珠心地印,雾露云霞体上衣。……一性圆通一切性,一法遍含一切法。一月普现一切水,一切水月一月摄。”

禅者智隍，初参五祖，自谓已得正受[①]，庵居长坐，积二十年。师弟子玄策游方至河朔，闻隍之名，造庵问云："汝在此作什么?"隍曰："入定。"策云："汝云入定，为有心入耶？无心入耶？若无心入者，一切无情草木瓦石，应合得定；若有心入者，一切有情含识之流，亦应得定。"隍曰："我正入定时，不见有有无之心。"策云："不见有有无之心，即是常定，何有出入？若有出入，即非大定[②]。"

隍无对。良久，问曰："师嗣谁耶?"

策云："我师曹溪六祖。"隍云："六祖以何为禅定?"策云："我师所说，妙湛圆寂，体用如如。五阴本空，六尘非有。不出不入，不定不乱。禅性无住，离住禅寂。禅性无生，离生禅想。心如虚空，亦无虚空之量。"

隍闻是说，径来谒师。

师问云："仁者何来?"

隍具述前缘。

师云："诚如所言，汝但心如虚空，不著空见，应用无碍，动静无心，凡圣情忘，能所[③]俱泯，性相如如[④]，无不定时也。"

隍于是大悟，二十年所得心，都无影响。其夜河北士庶，闻空中有声云："隍禅师今日得道。"隍后礼辞，复归河北，开化四众[⑤]。

【注】 ①正受：三昧、三摩地、禅定等之异名。定心而离邪乱称为"正"，无念无想而纳法在心称为"受"。②大定：大定，是佛之三德之一。佛心澄明，能断一切妄惑，称为大定。③能所：能这里指能缘，所指所缘。认识的功能或主体，称为能缘；被认识的客体（对象），称为所缘。譬如六根对六尘，六根是能缘，六尘为所缘。④性相如如：指性和相都是如如实相，平等一味，无有分别。性相，指本性与相状。不变而绝对的真实本体，或事物的自体，称为性；差别变化之现象的相状，称为相。据《大智度论》卷三十一记载，关于性相的区别有两种说法：（一）性与相无异，只是名称有别，说性即说相，说相即说性，如说火性即说热相，说热相即说火性。故性与相有时可以互用，如"诸法实相"一语，即谓"诸法实性"。（二）性相有别，性为其体，相为可识，如持释氏之戒为性，剃发染衣为相，性与相有内外、远近、初后等差别。⑤四众：指比丘、比丘尼、优婆塞、优婆夷，即僧、尼和男女居士等佛教信徒。

【按】

玄策和惠能所说，如所谓体用一如、不出不入、不定不乱、心如虚空、不著空间、动静无心、性相如如等，都是般若心现照之下的无分别、无执著的境界。但关键问题是，如何才能让般若心呈现，达到这种境界呢？

一僧问师曰："黄梅意旨[①]，甚么人得？"师云："会佛法人得。"僧云："和尚还得否？"师云："我不会佛法。"[②]

师一日欲濯所授之衣，而无美泉，因至寺后五里许，见山林郁茂，瑞气盘旋。师振锡卓地，泉应手而出，积以为池，乃跪膝浣衣石上。

忽有一僧来礼拜，云："方辩是西蜀人，昨于南天竺国，见达磨大师，嘱方辩：'速往唐土。吾传大迦叶[③]正法眼藏[④]及僧伽梨[⑤]，见传六代，于韶州曹溪，汝去瞻礼。'方辩远来，愿见我师传来衣钵。"师乃出示。次问："上人攻何事业？"曰："善塑。"师正色曰："汝试塑看。"

辩罔措。过数日，塑就真相，可高七寸，曲尽其妙。

师笑曰："汝善塑性，不解佛性。"

师舒手摩方辩顶曰："永为人天福田。"

（师仍以衣酬之。辩取衣分为三，一披塑像，一自留，一用棕裹瘗地中。誓曰："后得此衣，乃吾出世，住持于此，重建殿宇。"宋嘉佑八年，有僧惟先，修殿掘地，得衣如新。像在高泉寺，祈祷辄应。）

有僧举卧轮禅师[⑥]偈曰：

卧轮有伎俩，能断百思想。
对境心不起，菩提日日长。

师闻之曰："此偈未明心地，若依而行之，是加系缚。"因示一偈曰：

惠能没伎俩，不断百思想。
对境心数起，菩提作么长？

【注】 ①黄梅意旨：指五祖弘忍的教法。②……我不会佛法：这一段问答，一是强调禅宗以心传心、自证自悟的教义，二是强调无所得的般若精神。③大迦叶：又名摩诃迦叶（"叶"字音"摄"），略称迦叶。佛陀十大弟子之一，禅宗所立的西天第一祖。生于王舍城近郊的婆罗门家。于佛成道后第三年为佛弟子，在佛声闻十大弟子中号称"头陀第一"，是佛陀弟子中最无执著之念者。佛陀入灭后，成为教团的统率，在王舍城召集第一次经典结集。又据禅宗典籍《联灯会要》卷一记载，释迦牟尼在灵山会上，大梵天王献上金色波罗花，释迦

即以“拈花示众”，众人不解其意，惟有迦叶“破颜微笑”，释迦乃说：“吾有正法眼藏，涅槃妙心，实相无相，微妙法门，不立文字，教外别传，付嘱摩诃迦叶。”这就是迦叶被禅宗尊为西天初祖的故事背景。另外，佛弟子中，优楼频罗迦叶、伽耶迦叶等也有迦叶之称。佛陀入灭后三百年的小乘饮光部之祖也名迦叶。此外，过去七佛之第六佛也称迦叶佛。④正法眼藏：又作清净法眼。即依彻见真理的智慧眼（正法眼），透见万德秘藏之法（藏），亦即佛内心的悟境。可以泛指真正的佛法，禅宗用来指其教外别传的心印。⑤僧伽梨：梵文音译，又作僧伽胝、僧伽致、伽胝。指九条以上之衣，为比丘三衣之一。又因必须割截后始制成，故称重衣、复衣、重复衣。因其条数多，故称杂碎衣。是外出及其他庄严仪式时所著，如入王宫、聚落、乞食，及升座说法、降伏外道等时所著用，故称入王宫聚落衣。又因其为诸衣中最大者，故称大衣。共有下中上三位九品之不同，而有“九品大衣”之称，一般就其下下品而通称为九条衣。⑥卧轮禅师：此人事迹不详。

【按】

卧轮禅师之偈，如果从境界看，分明有分别心和执著心，“断百思想”就是妄执百思为实有而强行断；以“对境心不起”与“菩提日日长”对立，显然不知起心即菩提之理，而另于起心之外觅菩提。这些自然与惠能禅法背道而驰。但如果把卧轮之偈看做实现顿悟的渐修过程，那虽然也不完全符合惠能见性顿悟的禅法，但对于上根以下之人，却未尝不可。

惠能之偈，与第一品的开悟偈一样，说的都是悟后之境界，自身未悟之辈，如何说得？邯郸学步，或失故步。东施效颦，徒留笑柄。

顿渐第八

时，祖师居曹溪宝林，神秀大师在荆南[①]玉泉寺。于时两宗盛化，人皆称南能北秀，故有南北二宗顿渐之分，而学者莫知宗趣。

师谓众曰：“法本一宗，人有南北；法即一种，见有迟疾[②]。何名顿渐？

法无顿渐，人有利钝，故名顿渐。”

然秀之徒众，往往讥南宗祖师：“不识一字，有何所长？”秀曰：“他得无师之智[3]，深悟上乘，吾不如也。且吾师五祖，亲传衣法，岂徒然哉？吾恨不能远去亲近，虚受国恩。汝等诸人，毋滞于此，可往曹溪参决[4]。”

一日，命门人志诚曰：“汝聪明多智，可为吾到曹溪听法。若有所闻，尽心记取，还为吾说。”

志诚禀命至曹溪，随众参请，不言来处。时，祖师告众曰：“今有盗法之人，潜在此会。”志诚即出礼拜，具陈其事。

师曰：“汝从玉泉来，应是细作。”对曰：“不是。”师曰：“何得不是？”对曰：“未说即是，说了不是。”师曰：“汝师若为示众[5]？”对曰：“常指诲大众，住心观净[6]，长坐不卧。”师曰：“住心观净，是病非禅。长坐拘身，于理何益？听吾偈曰：

生来坐不卧，死去卧不坐。

一具臭骨头，何为立功课？”

【注】 ①荆南：今湖北省当阳县。②见有迟疾：领悟有快慢。③无师之智：一是指不借他力，不待他人教而自然成就的智慧，与“自然智”为同义语；二是指无师独悟的智慧。如佛所证得之智慧，非由师教或外力而得；又如缘觉（独觉）圣者，观诸法因缘生灭，不待师教而证成觉智。这里当取第二义。④参决：参学决疑。⑤示众：训导教诲众人。⑥住心观净：收摄一己之心，凝神内观，达到无念的状态。如果只是作为渐修的一种方便法门，而不妄执染著于住相和净相，不有碍于最终顿悟，那未尝不可。但惠能这里批判住心观净病妄，大概是有所针对而发。

【按】

神秀的思想，据其弟子张说《唐玉泉寺大通禅师碑》记载，“身是虚哉，即身见空，始同妙用，心非实也。观心若幻，乃等真如。”“忘念以息想，极力以摄心。其入也品均凡圣，其到也行无先后。趣定之前，万缘皆闭；发慧之后，一切皆如。”既有与惠能相同之处，也有不同之处。后来他的弟子普寂、降魔藏更发展为“凝心入定，住心看净，起心外照，摄心内证”之说。

“一具臭骨头，何为立功课？”“立功课”即修行，这里不是说不要任何修行，而是说不要执著于任何事物，包括身体，因为万法皆虚幻不实，身体也不过是一具臭骨头。

志诚再拜曰："弟子在秀大师处学道九年，不得契悟[①]。今闻和尚一说，便契本心。弟子生死事大，和尚大慈，更为教示。"师曰："吾闻汝师教示学人戒定慧法，未审汝师说戒定慧行相[②]如何，与吾说看。"诚曰："秀大师说，诸恶莫作名为戒，诸善奉行名为慧，自净其意名为定。彼说如此，未审和尚以何法诲人？"师曰："吾若言有法与人，即为诳汝。但且随方解缚[③]，假名三昧。如汝师所说戒定慧，实不可思议。吾所见戒定慧又别。"志诚曰："戒定慧只合一种，如何更别？"师曰："汝师戒定慧接大乘人，吾戒定慧接最上乘人，悟解不同，见有迟疾。汝听吾说，与彼同否？吾所说法，不离自性。离体说法，名为相说[④]，自性常迷。须知一切万法，皆从自性起用，是真戒定慧法。听吾偈曰：

心地无非自性戒，
心地无痴自性慧，
心地无乱自性定，
不增不减自金刚，
身去身来本三昧。"

诚闻偈悔谢，乃呈一偈曰：

五蕴幻身[⑤]，幻何究竟。
回趣真如，法还不净[⑥]。

师然之。复语诚曰："汝师戒定慧，劝小根智人；吾戒定慧，劝大根智人。若悟自性，亦不立菩提涅槃，亦不立解脱知见，无一法可得，方能建立万法。若解此意，亦名佛身，亦名菩提涅槃，亦名解脱知见。见性之人，立亦得，不立亦得，去来自由，无滞无碍，应用随作，应语随答，普见化身，不离自性，即得自在神通[⑦]，游戏三昧[⑧]，是名见性。"

志诚再启师曰："如何是不立义？"师曰："自性无非、无痴、无乱，念念般若观照，常离法相，自由自在，纵横尽得，有何可立？自性自悟，顿悟顿修，亦无渐次，所以不立一切法。诸法寂灭，有何次第？"

志诚礼拜，愿为执侍，朝夕不懈。

【注】 ①契悟：即开悟。②行相：指心（心王）和心所所具有的认识作用或所映现的影像状态。心、心所以各自的性能，游行于境相之上，又行于所对境的相状，故称为行相。这里指对戒定慧的解释。③随方解缚：根据实际情况，方便说法，解除束缚。④相说：即脱离本心自性、未把握诸法实相的皮相之谈。⑤五蕴幻身：由色受想行识五蕴和合而成的人身虚幻不实。⑥回趣真如，法还不净：回归真如本性，戒定慧等一切都清净不染；如果脱离真如本性，戒定慧等一切法都污染不净。⑦自在神通：随意自在的神力。神通，又作神通力、神力、通力、通等，音译作旬。即依修禅定而得的超人间的自在无碍、不可思议的作用。一般所谓神通有神足通、天眼通、天耳通、他心通、宿命通、漏尽通六种：(1)神足通：又称神境智证通、身如意通、神境通、如意通、身通。即身能飞天入地，出入三界，变化自在的作用。《大智度论》卷二十八又将此通细分为飞行、变化、随意自在三类。(2)天眼通：又称天眼智证通、天眼智通。即能见一切事物的作用。(3)天耳通：又称天耳智证通、天耳智通。即能闻一切声音的作用。(4)他心通：又称他心智证通、知他心通。即能洞悉他人思想的作用。(5)宿命通：又称宿住随念智证通、宿住智通、识宿命通。即能知前世事迹的作用。(6)漏尽通：又称漏尽智证通。即能断一切烦恼惑业，永远脱离生死轮回的作用。前五通是依四根本静虑而起，故外道诸仙、声闻及菩萨皆可得之。至于漏尽通，则仅有达小乘之无学位或大乘之等觉位者始能获得。其中，以佛、阿罗汉所具有的三通（宿命通、天眼通、漏尽通）最为殊胜，故称为“三明”。小乘认为神通是修证所得的自在之境，大乘认为是菩萨普渡众生的方便法门。⑧游戏三昧：三昧即禅定，于禅定出入自在无碍，犹如游戏，心无牵挂，任运自如，谓之游戏三昧。这是证得空无所得的境界。

【按】

惠能在此再次强调一切万法皆从自性起用的思想。戒定慧都是本心自性之用。不离本心自性，则知一切教法都是假名方便立说。

“若悟自性，亦不立菩提涅槃，亦不立解脱知见，无一法可得，方能建立万法。若解此意，亦名佛身，亦名菩提涅槃，亦名解脱知见。见性之人，立亦得，不立亦得，去来自由，无滞无碍，应用随作，应语随答，普见化身，不离自性，即得自在神通，游戏三昧，是名见性。”这里的关键问题还是，如何才能见性？惠能这里明白表态，应当“顿悟顿修，亦无渐次”。这是对神秀为代表的北宗禅渐修顿悟之法的最明确的反对。不要有阶级次第的渐修，要顿修！顿修指不拘任何固定的形式与场合，当下即修，修行生活化，生活修行化。顿修是适合所有众生的普适法门，还是只是上根人的特殊法门呢？这一问题亟需我们进一步明确。

僧志彻，江西人，本姓张，名行昌，少任侠。自南北分化，二宗主虽亡彼我，而徒侣竞起爱憎。时北宗门人，自立秀师为第六祖，而忌祖师传衣为天下闻，乃嘱行昌来刺师。师心通[①]，预知其事，即置金十两于座间。

时夜暮，行昌入祖室，将欲加害。师舒颈就之，行昌挥刃者三，悉无所损。

师曰："正剑不邪，邪剑不正。只负汝金，不负汝命。"

行昌惊仆，久而方苏，求哀悔过，即愿出家。师遂与金，言："汝且去，恐徒众翻害于汝。汝可他日易形而来，吾当摄受[②]。"行昌禀旨宵遁。后投僧出家，具戒精进。

一日，忆师之言，远来礼觐。

师曰："吾久念汝，汝何来晚？"曰："昨蒙和尚舍罪，今虽出家苦行，终难报德，其惟传法度生乎？弟子常览《涅槃经》，未晓常无常义，乞和尚慈悲，略为解说。"师曰："无常者，即佛性也；有常者，即一切善恶诸法分别心也。"曰："和尚所说，大违经文。"师曰："吾传佛心印，安敢违于佛经？"曰："经说佛性是常，和尚却言无常；善恶之法乃至菩提心，皆是无常，和尚却言是常。此即相违，令学人转加疑惑。"

师曰："《涅槃经》，吾昔听尼无尽藏读诵一遍，便为讲说，无一字一义不合经文。乃至为汝，终无二说。"曰："学人识量浅昧，愿和尚委曲开示。"

师曰："汝知否？佛性若常，更说什么善恶诸法，乃至穷劫无有一人发菩提心者？故吾说无常，正是佛说真常之道也。又一切诸法若无常者，即物物皆有自性，容受生死，而真常性有不遍之处。故吾说常者，正是佛说真无常义。佛比为凡夫外道执于邪常，诸二乘人[③]于常计无常，共成八倒[④]，故于涅槃了义教[⑤]中，破彼偏见，而显说真常、真乐、真我、真净。汝今依言背义，以断灭无常及确定死常，而错解佛之圆妙最后微言，纵览千遍，有何所益？"

行昌忽然大悟，说偈云：

因守无常心，佛说有常性。

不知方便者，犹春池拾砾。
我今不施功，佛性而现前。
非师相授与，我亦无所得。”

师曰：“汝今彻也，宜名志彻。”

彻礼谢而退。

【注】 ①心通：即他心通。②摄受：又作摄取。原指佛以慈心摄取众生，这里指惠能接受志彻为徒。③二乘人：指声闻、缘觉。④八倒：又作“凡小八倒”，凡指凡夫，小指声闻、缘觉二小乘。凡夫把生死的无常、无乐、无我、无净妄执为常、乐、我、净，是凡夫四倒；二乘把涅槃的常、乐、我、净妄执为无常、无乐、无我、无净，是二乘四倒。这两种四倒合起来就是八倒。⑤了义教：凡直接、完全显了述尽佛法道理之教，称为“了义教”，如诸大乘经说生死涅槃无异者。凡顺应众生理解的程度，不直接显了法义，而渐次以方便教相引导，称为“不了义教”(未了义教)，如诸经宣说厌背生死、欣乐涅槃者。了义教与不了义教，合称“二了”。

【按】

惠能深谙佛陀方便说法之道。佛为迷执世间为常、乐、我、净的凡夫说无常、苦、无我、不净，又为迷执世间为无常、苦、无我、不净的二乘说涅槃之常、乐、我、净，这些都是随病与药的方便教法。若无颠倒之病，则既无须说无常、苦、无我、不净，也无须说常、乐、我、净。一切说法都是假名立说，并非实有法可说。惠能把佛性视作无常，认为若执著佛性是常，则一切人一切时都应该当下是佛，那就没有修行成佛的必要；又把一切诸法视作常，认为若执著一切是无常，则真常之性不能遍及万物；这是破除执著的方便教化。若已破除执著，则无须任何教化，亦无所得。志彻大悟此理，故说“不知方便者，犹春池拾砾”，“非师相授与，我亦无所得”。

有一童子，名神会①，襄阳高氏子。年十三，自玉泉来参礼。

师曰：“知识远来艰辛，还将得本来否？若有本则合识主，试说看。”

会曰：“以无住为本，见即是主。”

师曰：“这沙弥②争合取次③语。”

会乃问曰：“和尚坐禅，还见不见？”

师以柱杖打三下，云：“吾打汝痛不痛？”

对曰：“亦痛亦不痛。”

师曰："吾亦见亦不见。"

神会问："如何是亦见亦不见？"

师云："吾之所见，常见自心过愆，不见他人是非好恶，是以亦见亦不见。汝言亦痛亦不痛，如何？汝若不痛，同其木石；若痛，则同凡夫，即起恚恨。汝向前见不见，是二边；痛不痛，是生灭。汝自性且不见，敢尔弄人？"

神会礼拜悔谢。

师又曰："汝若心迷不见，问善知识觅路；汝若心悟，即自见性，依法修行。汝自迷不见自心，却来问吾见与不见。吾见自知，岂代汝迷？汝若自见，亦不代吾迷。何不自知自见，乃问吾见与不见？"

神会再礼百余拜，求谢过愆，服勤给侍，不离左右。

一日，师告众曰："吾有一物，无头无尾，无名无字，无背无面，诸人还识否？"

神会出曰："是诸佛之本源，神会之佛性。"

师曰："向汝道无名无字，汝便唤作本源佛性。汝向去有把茆盖头[④]，也只成个知解宗徒[⑤]。"

祖师灭后，会入京洛，大弘曹溪顿教，著《显宗记》，盛行于世（是为荷泽禅师）。

师见诸宗难问，咸起恶心，多集座下，愍而谓曰："学道之人，一切善念恶念，应当尽除。无名可名，名于自性。无二之性，是名实性。于实性上建立一切教门，言下便须自见。"诸人闻说，总皆作礼，请事为师。

【注】 ①神会：(668～760)唐代禅僧，荷泽宗之祖。襄阳人，俗姓高。幼学五经、老庄、诸史，后投国昌寺颢元出家。多次到惠能处参学。惠能示寂后，开元八年(720)奉敕配住南阳龙兴寺，大扬禅法，人称南阳和尚。北上之后，欲振六祖之风，乃于开元二十年(732)在河南滑台大云寺设无遮大会，与山东崇远论战。指斥神秀一门"师承是傍，法门是渐"，欲确立南宗惠能为正统。天宝四年(745)著《显宗记》，定南北顿渐两门，即以南能为顿宗，北秀为渐教，"南顿北渐"之名由是而起，后南宗日盛而北宗大衰。因住荷泽寺中，故世称荷泽大师。入寂后敕谥"真宗大师"。贞元十二年(796)皇太子会集诸禅师，楷定禅门宗旨，以神会为禅宗第七祖，敕碑置神龙寺。其法流称荷泽宗。②沙弥：梵文音译，指七岁以上、二十岁以下的已受十戒、未受具足戒的出家男子(相应的出家女子称沙弥尼)。③取次：造次、草率之意。④有把茆盖头：有个茅草庵栖身。⑤知解宗徒：以知解佛教经典为目的的佛教徒。

【按】

“吾有一物，无头无尾，无名无字，无背无面。”这就是人的本心自性，所以惠能后面说“无名可名，名于自性”。可见自性亦非实有，不能执著。非实有的自性，也就是平等无二的实性，知此则知一切教法都是方便安立，假名施设，不可执著，亦无所得。

宣诏第九

神龙元年上元日[①]，则天、中宗诏云：“朕请安、秀二师[②]，宫中供养，万机之暇，每究一乘[③]。二师推让云：‘南方有能禅师，密授忍大师衣法，传佛心印，可请彼问。’今遣内侍薛简，驰诏迎请。愿师慈念，速赴上京。”

师上表辞疾，愿终林麓。

薛简曰：“京城禅德[④]皆云：‘欲得会道，必须坐禅习定。若不因禅定而得解脱者，未之有也。’未审师所说法如何？”

师曰：“道由心悟，岂在坐也？经云：‘若言如来若坐若卧，是行邪道。’何故？无所从来，亦无所去，无生无灭，是如来清净禅[⑤]。诸法空寂，是如来清净坐。究竟无证，岂况坐耶？”

简曰：“弟子回京，主上必问，愿师慈悲，指示心要，传奏两宫，及京城学道者。譬如一灯然百千灯，冥者皆明，明明无尽。”

师云：“道无明暗，明暗是代谢之义。明明无尽，亦是有尽，相待立名。故《净名经》云：‘法无有比，无相待故。’”

简曰：“明喻智慧，暗喻烦恼，修道之人，倘不以智慧照破烦恼，无始生死，凭何出离？”

师曰：“烦恼即是菩提，无二无别。若以智慧照破烦恼者，此是二乘见解，羊鹿等机[⑥]。上智大根，悉不如是。”

简曰："如何是大乘见解？"

师曰："明与无明[7]，凡夫见二；智者了达，其性无二。无二之性，即是实性。实性者，处凡愚而不减，在贤圣而不增，住烦恼而不乱，居禅定而不寂，不断不常，不来不去，不在中间及其内外，不生不灭，性相如如，常住不迁，名之曰道。"

简曰："师曰不生不灭，何异外道？"

师曰："外道所说不生不灭者，将灭止生，以生显灭，灭犹不灭，生说不生。我说不生不灭者，本自无生，今亦不灭，所以不同外道。汝若欲知心要，但一切善恶都莫思量，自然得入清净心体，湛然常寂，妙用恒沙。"

简蒙指教，豁然大悟，礼辞归阙，表奏师语。

【注】 ①上元日：即正月十五，为上元节。中宗即位在正月二十五日，此处所言或有误。②安、秀二师：指慧安、神秀二禅师。③一乘：指一佛乘。④禅德：有德行的禅师，或是对禅僧的尊称。⑤如来清净禅：五种禅（五味禅）之一。宗密《禅源诸诠集都序》卷上之一，将禅分为五种，其中最上乘禅称为"如来清净禅"（略称"如来禅"），又称一行三昧、真如三昧。此禅是顿悟自心本来清净无有烦恼，具足无漏之智性，且此种清净心与佛无异，此心即佛，故宗密称之为如来清净禅，并以之为达磨门下相传之禅。但自中唐以后，禅宗因盛行以棒喝、坐禅等不立文字、见性成佛教化方式，而当时如来禅又滞于义解名相，未至达磨祖师西来所传的真禅味，故仰山慧寂禅师另立"祖师禅"之名，以此为达磨所传之心印，而别于教内其他诸禅。⑥羊鹿等机：指声闻、缘觉等小乘根机。⑦无明：梵文意译，指对佛教的缘起法、四圣谛等道理的无知。

【按】

"道由心悟，岂在坐也？"心如何才能悟呢？上智大根之人或可无须坐而当下心悟，但这适合羊鹿根机的二乘吗？难道世上只有上智大根之人才可学佛，二乘等就无资格学吗？坐本非坐，若不执著于坐相，坐又何妨？非坐即坐，若一味执著于非坐，即是著于坐相。世人若不知惠能应机设教的方便智慧，不知"方便为究竟"的旨归，则必堕入懈怠、放诞之坐相，此即后世禅宗浊流、逆流、末流之实相。

"汝若欲知心要，但一切善恶都莫思量。"说来简单，但不知欲做到"一切善恶都莫思量"，须费多少修行功夫！切莫把混淆是非善恶的乡愿视作得道之高僧！

其年九月三日，有诏奖谕师曰："师辞老疾，为朕修道，国之福田。师若净名，托疾毗耶，阐扬大乘，传诸佛心，谈不二法。薛简传师指授如来知见，朕积善余庆，宿种善根，值师出世，顿悟上乘。感荷师恩，顶戴无已。"并奉磨衲袈裟①及水晶钵，敕韶州刺史修寺宇，赐师旧居为国恩寺。

【注】 ①磨衲袈裟：据说是高丽国进贡的僧衣。

付嘱第十

师一日唤门人法海、志诚、法达、神会、智常、智通、志彻、志道、法珍、法如等，曰："汝等不同余人，吾灭度①后，各为一方师。吾今教汝说法，不失本宗。先须举三科法门，动用三十六对，出没即离两边，说一切法，莫离自性。忽有人问汝法，出语尽双，皆取对法，来去相因，究竟二法尽除，更无去处。

"三科法门者，阴、界、入也。阴是五阴，色、受、想、行、识是也。入是十二入，外六尘，色、声、香、味、触、法；内六门，眼、耳、鼻、舌、身、意是也。界是十八界，六尘、六门、六识是也。自性能含万法，名含藏识②。若起思量，即是转识③，生六识，出六门，见六尘，如是一十八界，皆从自性起用。自性若邪，起十八邪；自性若正，起十八正。若恶用即众生用，善用即佛用。用由何等？由自性有。

【注】 ①灭度：即涅槃、圆寂。指命终证果，灭障度苦。即永远灭尽分段、变易二生死，而度脱欲、有、见、无明等四瀑流。这里主要指生命结束。②含藏识：即藏识，指唯识宗八识中的第八阿赖耶识，因此识中含藏着万法的种子，故称惠能称之为含藏识。③转识：唯识宗所说的依止阿赖耶识生灭转变的前七识，即眼、耳、鼻、舌、身、意、末那等前七识。前五识又作五转识，缘阿赖耶识所变之色等五境，行相粗动，转外门，了别现在之境；第六意识缘过去 、未来等一切境，转内外门，审别境相，通善等三性，与六位之心所相应；第七末那识缘阿

赖耶识的见分，为有覆无记性，与舍受相应，又与无明等四根本烦恼相应，恒审思量我相，微细任运相续。转，转变、改转、转起、转易之义，意为前七识以阿赖耶识为所依，缘色、声等诸境而转起，能改转苦、乐、舍等三受，转变善、恶、无记等三性，故称七转识。

【按】

先举三科法门，是为了破凡夫的我执。据《俱舍论》卷一所述，依众生愚迷之别，为愚于心所者细别心所而说五蕴，即合色为一色蕴，开心为受、想、行、识四蕴。为愚于色法者细别色法而说十二处，开色为五根五境十处，合心为意根法境二处。为愚于色、心二法者细别色、心二法而说十八界，开色而为五根五境十界，开心为意根、法境及六识等八界。又依根性利钝，为利根者说五蕴，为中根者说十二处，为钝根者说十八界。又依喜好之不同，为喜欢简略者说五蕴，为喜欢不详不略者说十二处，为喜欢详尽者说十八界。如此由三科观察人与世界，根据众生愚迷利钝好恶之不同，破我执之谬，立无我之理。这本是佛教的共法，并非惠能的新创。

但在继承传统的同时，惠能并没忘记反复强调他自己的观点："说一切法，不离自性"，"自性能含万法"，"如是一十八界，皆从自性起用"。

惠能所谓的自性，是菩提自性、真如本性，既然如此，又怎么可能"自性若邪，起十八邪"呢？所谓"自性若邪"，当指迷而不见自性；而"自性若正"，则指悟而见自性。还是不离明心见性、顿悟成佛的宗旨。

另外，惠能此处还强调了离两边、无分别、无住著等般若思想的要点。

"对法，外境无情[①]五对：天与地对，日与月对，明与暗对，阴与阳对，水与火对，此是五对也。

"法相语言[②]十二对：语与法对[③]，有与无对，有色与无色对，有相与无相对，有漏与无漏[④]对，色与空对，动与静对，清与浊对，凡与圣对，僧与俗对，老与少对，大与小对，此是十二对也。

"自性起用十九对：长与短对，邪与正对，痴与慧对，愚与智对，乱与定对，慈与毒对，戒与非对，直与曲对，实与虚对，险与平对，烦恼与菩提对，常与无常对，悲与害对，喜与瞋对，舍与悭对，进与退对，生与灭对，法身与色身对，化身与报身对，此是十九对也。”

师言：“此三十六对法，若解用，即通贯一切经法，出入即离两边。

“自性动用，共人言语，外于相离相，内于空离空。若全著相，即长邪见；若全执空，即长无明。执空之人有谤经，直言‘不用文字’。既云不用文字，人亦不合语言，只此语言，便是文字之相。又云‘直道⑤不立文字’，即此‘不立’两字，亦是文字。见人所说，便即谤他言著文字。汝等须知，自迷犹可，又谤佛经。不要谤经，罪障无数。

“若著相于外，而作法求真，或广立道场，说有无之过患，如是之人，累劫不可见性。但听依法修行，又莫百物不思，而于道性窒碍。若听说不修，令人反生邪念。但依法修行，无住相法施。汝等若悟，依此说，依此用，依此行，依此作，即不失本宗。

“若有人问汝义，问有将无对，问无将有对，问凡以圣对，问圣以凡对。二道相因，生中道⑥义。汝一问一对，余问一依此作，即不失理也。

“设有人问：‘何名为暗？’答云：‘明是因，暗是缘，明没则暗，以明显暗，以暗显明，来去相因，成中道义。’余问悉皆如此。汝等于后传法，依此转相教授，勿失宗旨。”

【注】 ①外境无情：外境，外在的认识对象。无情，无情识的事物。②法相语言：法相，事物的相状、性质等。语言，指名词或概念。③语与法对：可做两种解释，一是指语言和一切事物或现象相对，二是指语言和佛之教法相对。④有漏与无漏：漏，梵文 Ā sraya 意译，“烦恼”的异名。众生由于烦恼所产生的过失、苦果，在迷妄的世界中流转不停，难以脱离生死苦海，故称为“有漏”；若达到断灭烦恼、脱离生死轮回的境界，则称为“无漏”。⑤直道：正法，正确的教法。⑥中道：这里指不孤立地执取相对二法的任何一法，视任何相对之法为相因相依。

【按】

三十六对法当然是惠能自己的灵活分类，但其中所蕴含的思想，却是来自般若中观思想。龙树《中论·观因缘品第一》开篇即提出“八不中道”之说：“不生亦不灭，不常亦不断，不一亦不异，不来亦不出。”惠能对此中道思想有精湛的运用，即所谓“出入即离两边”，“外于相而离相，内于空而离空”。处于有而不偏执于有，行于空不偏执于空(无自性)，有不离空，空不离有，有即是空，空即是有，空有不二，是为中道。

“若听说不修，令人反生邪念。”惠能对修行的重视，由此更可见一斑。

“执空之人有谤经，直言‘不用文字’。既云不用文字，人亦不合语言，只此语言，便是文字之相。又云‘直道不立文字’，即此‘不立’两字，亦是文字。”惠能如此旗帜鲜明地反对“不立文字”之说，认为这是执著于空的病态，是谤经的恶业，这与后世呵佛骂祖、毁弃经论的迷乱之辈，判若云泥。由此便知，“第七品”惠能所谓的“诸佛妙理，非关文字”，并非说领悟佛理不需要文字，而是说不能拘泥于文字。

师于太极元年壬子，延和七月[①]，命门人往新州国恩寺建塔，仍令促工。次年夏末落成。七月一日，集徒众曰：“吾至八月，欲离世间，汝等有疑，早须相问，为汝破疑，令汝迷尽。吾若去后，无人教汝。”

法海等闻，悉皆涕泣。惟有神会，神情不动，亦无涕泣。

师云：“神会小师[②]，却得善不善等[③]，毁誉不动，哀乐不生。余者不得。数年山中，竟修何道？汝今悲泣，为忧阿谁[④]？若忧吾不知去处，吾自知去处。吾若不知去处，终不预报于汝。汝等悲泣，盖为不知吾去处。若知吾去处，即不合悲泣。法性本无生灭去来[⑤]，汝等尽坐，吾与汝说一偈，名曰《真假动静偈》。汝等诵取此偈，与吾意同，依此修行，不失宗旨。”

众僧作礼，请师作偈，偈曰：

一切无有真，不以见于真。
若见于真者，是见尽非真。
若能自有真，离假即心真。
自心不离假，无真何处真？
有情即解动，无情即不动。
若修不动行，同无情不动。
若觅真不动，动上有不动。
不动是不动，无情无佛种。
能善分别相，第一义不动。
但作如此见，即是真如用。

报诸学道人,努力须用意。
莫于大乘门,却执生死智。
若言下相应,即共论佛义。
若实不相应,合掌令欢喜。
此宗本无诤,诤即失道意。
执逆诤法门,自性入生死。

时徒众闻说偈已,普皆作礼,并体师意。各各摄心,依法修行,更不敢诤。

【注】 ①太极元年壬子延和七月:即公元712年。此年唐睿宗改元太极元年,五月又改元延和元年,七月玄宗即位,八月又改元先天元年。②小师:受具足戒未满十年的出家人。③得善不善等:即超越善不善的对待。④阿谁:即"何人","阿"是语气词。⑤法性本无生灭去来:法性,指诸法的真实体性,亦即宇宙一切存在所具有的真实不变的本性。又作真如法性、真法性、真性。有时也用作真如的异称。法性乃万法之本,故又作法本。有时与涅槃、实相、实际同义。在有情方面,即指佛性。般若思想以空为法性。《心经》说:"是诸法空相,不生不灭,不垢不净,不增不减。"所谓"法性本无生灭去来",正是《心经》所说之意。

【按】

"一切无有真,不以见于真。""一切无有真"就是说一切都是虚幻不实的假有,亦即一切都是空。因为一切都是缘起,所以皆无自性,无自性就是空。这也就是僧肇所说的"不真空"之义。缘起故无自性,无自性故不真,故空。"不真空"意为不真即空,不可理解为不真故空。不真就是假,假就是空。空假不二就是中道。既然一切都是虚幻不实的假有,就"不以见于真",亦即不能认为一切都是实有——有自性之有。

"若见于真者,是见尽非真。"如果认为一切都是有自性的实有,那这种认识都不是正确的。前一个"真"指有自性的实有,后一个"真"指正确的认识,不可混淆。

"若能自有真,离假即心真。自心不离假,无真何处真?"意为如果自己要得真,不迷执于假有,本心真如就会呈现。如果自心迷执于假有,不悟真如实相,那在自心之外,何处能得到真如实相呢?这四个"真",都是指真如实相。

"若觅真不动,动上有不动。不动是不动,无情无佛种。能善分别相,第一义不动。”真正的不动，不是停止心念等意识活动，而是“于念而离念”，念念不住，了悟本心真如，如如不动。如果把心中不起任何念头当作不动，那就是无情之物，而无情不能成佛。能善于分别真假动静等的差别，就能获得佛教最高的真理而毫不动摇。

“但作如此见，即是真如用。”只要坚持上述那些看法，就是本心真如的呈现。

“报诸学道人，努力须用意。”这里再度强调努力修行的必要性。

《真假动静偈》可以视为惠能思想的一种总结。所谓的真假动静，是对无相为体、无念为宗、无住为本三大原则的阐释。实相无相，凡所有相，皆是虚妄，故心真一切真。念是心真如之用，于念而离念，念念不住，即是“动上有不动”。能起念则有佛种，不能起念则同无情，没有佛种。这些是大乘顿教法门，无须争执，否则即“自性入生死”，亦即菩提自性被遮蔽，轮回生死苦海，永不得脱。

乃知大师不久住世。法海上座再拜问曰：“和尚入灭之后，衣法当付何人?”师曰：“吾于大梵寺说法，以至于今，抄录流行，目曰《法宝坛经》，汝等守护，递相传授，度诸群生。但依此说，是名正法。今为汝等说法，不付其衣，盖为汝等信根淳熟，决定无疑，堪任大事。然据先祖达磨大师付授偈意，衣不合传。偈曰：

吾本来兹土，传法救迷情①。

一华开五叶②，结果自然成。

【注】 ①迷情：迷惑的有情。②一华开五叶：这是一句谶语。唐末五代时期，惠能弟子青原行思一系衍生出曹洞、云门、法眼三宗，另一弟子南岳怀让一系衍生出临济、沩仰二宗，被称为禅宗五家。“五叶”即指这五宗，“一华”则指惠能禅宗。另一种解释认为，“五叶”是指东土禅宗初祖菩提达磨以下的二祖慧可、三祖僧璨、四祖道信、五祖弘忍、六祖惠能等五位祖师。《坛经》中出现的这类谶语，都是后来加上去的。

师复曰："诸善知识，汝等各各净心，听吾说法。若欲成就种智[1]，须达一相三昧，一行三昧[2]。若于一切处而不住相，于彼相中不生憎爱，亦无取舍，不念利益成坏等事，安闲恬静，虚融澹泊，此名一相三昧。若于一切处行住坐卧，纯一直心，不动道场，真成净土，此名一行三昧。若人具二三昧，如地有种，含藏长养，成熟其实。一相一行，亦复如是。我今说法，犹如时雨，普润大地。汝等佛性，譬诸种子，遇兹沾洽，悉得发生。承吾旨者，决获菩提，依吾行者，定证妙果。听吾偈曰：

心地含诸种，普雨悉皆萌。
顿悟华情已，菩提果自成。"

师说偈已，曰："其法无二，其心亦然，其道清净，亦无诸相。汝等慎勿观静，及空其心。此心本净，无可取舍。各自努力，随缘好去。"

尔时，徒众作礼而退。

【注】 ①种智："一切种智"的略称，指佛了知一切、无所不知的智慧。②一相三昧，一行三昧：一相三昧即一行三昧。惠能虽分作二解，本质其实并无差别，只是一相三昧着重从不执著于"相"而言，而一行三昧着重从不执著于修禅的姿势而论。"一行三昧"之义见《定慧第四》注释。

【按】

"顿悟华情已，菩提果自成。"意为顿悟本身自有佛种，就可以结出菩提果。"华情"与"菩提果"相对，比喻佛性或成佛的的种子。

大师七月八日，忽谓门人曰："吾欲归新州，汝等速理舟楫。"大众哀留甚坚。

师曰："诸佛出现，犹示涅槃；有来必去，理亦常然。吾此形骸，归必有所。"众曰："师从此去，早晚可回。"

师曰："叶落归根，来时无口[1]。"

又问曰："正法眼藏，传付何人？"

师曰："有道者得，无心者通。"

又问："后莫有难否？"

师曰:“吾灭后五六年,当有一人来取吾首。听吾记[②]曰:

头上养亲,口里须餐。

遇满之难,杨柳为官。[③]

又云:“吾去七十年,有二菩萨从东方来,一出家,一在家,同时兴化,[④]建立吾宗,缔缉伽蓝,昌隆法嗣。”

问曰:“未知从上佛祖应现已来,传授几代?愿垂开示。”

师云:“古佛应世,已无数量,不可计也。今以七佛为始。过去庄严劫[⑤],毘婆尸佛、尸弃佛、毗舍浮佛;今贤劫,拘留孙佛、拘那含牟尼佛、迦叶佛、释迦文佛。是为七佛。已上七佛,今以释迦文佛首传。第一摩诃迦叶尊者,第二阿难尊者,第三商那和修尊者,第四优波毱多尊者,第五提多迦尊者,第六弥遮迦尊者,第七婆须蜜多尊者,第八佛驮难提尊者,第九伏驮蜜多尊者,第十胁尊者,十一富那夜奢尊者,十二马鸣大士,十三迦毗摩罗尊者,十四龙树大士,十五迦那提婆尊者,十六罗睺罗多尊者,十七僧伽难提尊者,十八伽耶舍多尊者,十九鸠摩罗多尊者,二十阇耶多尊者,二十一婆修盘头尊者,二十二摩拏罗尊者,二十三鹤勒那尊者,二十四师子尊者,二十五婆舍斯多尊者,二十六不如蜜多尊者,二十七般若多罗尊者,二十八菩提达磨尊者(此土是为初祖),二十九慧可大师[⑥],三十僧璨大师[⑦],三十一道信大师[⑧],三十二弘忍大师。惠能是为三十三祖。从上诸祖,各有禀承。汝等向后,递代流传,毋令乖误。”

【注】 ①来时无口:一生没有讲任何法。“无口”即没有讲任何法。佛教本来主张无一法可说,禅宗又提倡以心传心,自证自悟,因此惠能说“来时无口”。②记:悬记,亦即谶语。③头上养亲,口里须餐。遇满之难,杨柳为官:据禅史《传法正宗记》等记载,公元722年,新罗国僧人金大悲欲取惠能之头回国供养,就雇佣张净满去偷盗。张是孝子,受雇偷盗是为了养亲糊口。当年八月三日深夜,张盗头未成,被官府捉拿归案。过问此案的州刺史名叫柳无忝,县令名叫杨侃。这个故事正好附会了四句悬记。也许是有了这个故事之后才加上了这四句悬记。④吾去七十年……同时兴化:这也是一个悬记。二菩萨指谁,说法不同。一说指马祖道一和庞蕴居士。胡适认为,二菩萨之一可能是《曹溪大师别传》的作者,因为这个悬记是这个作者所造。⑤过去庄严劫:略称庄严劫,三劫之一。与“现在贤劫”“未来星宿劫”构成过去、现在、未来等三世的三大劫。每一大劫由成、住、坏、空四中劫组成,每一中劫由二十增减小劫组成。庄严劫的“住劫”中,以华光佛为首,至毗舍浮佛,共有千佛出

世，庄严其劫，故称庄严劫。劫，古印度时间单位，表示极长的时间，参见《金刚经·持经功德分第十五》注②。⑥慧可大师：(487～593)中国禅宗二祖。河南洛阳人，俗姓姬。初名神光。又作僧可。早年周游听讲，参禅冥想，精研孔老之学与玄理。北魏正光元年(520)，参谒达磨祖师于嵩山少林寺，从学六年。达磨西归后，慧可于北齐天保三年(552)授法予弟子僧璨，然后赴河南邺都演说《楞伽经》意，共三十余年，韬光晦迹，人莫能识。逝后被赐"正宗普觉大师""大祖禅师"的谥号。⑦僧璨大师：中国禅宗第三祖。又作僧粲。生年、籍贯不详。或谓徐州人。初以居士身参谒二祖慧可；二祖识器，收受为徒。侍慧可二年，得受衣法，后入司空山。北周武帝破佛灭法，隐居皖公山十余年，其后，出世行化。隋开皇十二年(592)，沙弥道信来投，从学九年，传其衣法，随后往罗浮山，优游二年，复归皖公山。大业二年(606)十月十五日，为四众广宣心要，随即合掌立化于树下。唐玄宗赐谥"鉴智禅师"。著有《信心铭》，后人视为禅宗要典之一。⑧道信大师：(580～651)中国禅宗第四祖。嗣法于僧璨，传于弘忍。蕲州广济(湖北广济)人，俗姓司马。唐武德七年(624)，归蕲州，住破头山三十余年，传法于弘忍，另有弟子法融别立"牛头禅"。又破头山后改称双峰山，故世人又称其为"双峰道信"。建塔于东山黄梅寺。因弟子弘忍居于黄梅东山弘传禅法，故世人称其与弘忍之道法为东山法门，并遥尊其为东山法门初祖。大历(766～779)年中，代宗敕谥"大医禅师"，塔铭号"慈云"。著有《入道安心要方便法门》等书。

【按】

禅宗所谓的禅宗"西天四七"二十八祖的传承顺序，实际并无可靠的历史根据，只是他们根据宗教的需要而编造的。《坛经》各种版本记载的二十八祖名字也互有出入。

大师先天二年[①]癸丑岁，八月初三日，于国恩寺斋罢，谓诸徒众曰："汝等各依位坐，吾与汝别。"

法海白言："和尚留何教法，令后代迷人得见佛性？"

师言："汝等谛听，后代迷人，若识众生，即是佛性；若不识众生，万劫觅佛难逢。吾今教汝识自心众生，见自心佛性。欲求见佛，但识众生。只为众生迷佛，非是佛迷众生。自性若悟，众生是佛；自性若迷，佛是众生。自性平等，众生是佛；自性邪险，佛是众生。汝等心若险曲，即佛在众生中；一念平直，即是众生成佛。我心自有佛，自佛是真佛，自若无佛心，何处求真佛？汝等自心是佛，更莫狐疑。外无一物而能建立，皆是本心生万种法。故经云：心生种种法生，心灭种种法灭②。吾今留一偈，与汝等别，名《自性真佛偈》。后代之人，识此偈意，自见本心，自成佛道。偈曰：

真如自性是真佛，邪见三毒③是魔王。
邪迷之时魔在舍，正见之时佛在堂。
性中邪见三毒生，即是魔王来住舍。
正见自除三毒心，魔变成佛真无假。
法身报身及化身，三身本来是一身。
若向性中能自见，即是成佛菩提因。
本从化身生净性，净性常在化身中。
性使化身行正道，当来圆满真无穷。
淫性本是净性因，除淫即是净性身。
性中各自离五欲，见性刹那即是真。
今生若遇顿教门，忽悟自性见世尊。
若欲修行觅作佛，不知何处拟求真。
若能心中自见真，有真即是成佛因。
不见自性外觅佛，起心总是大痴人。
顿教法门今已留，救度世人须自修。
报汝当来学道者，不作此见大悠悠。”

【注】 ①先天二年：指唐玄宗先天二年(713年)，此年十二月改元开元。②心生种种法生，心灭种种法灭：《楞伽经》《大乘起信论》等经论中均有此类说法。意为由于心生种种妄念，才有种种事物现象产生，如果消除妄念，本心清净，种种事物或现象就不再产生。③三毒：即贪、瞋、痴。

【按】

“自心是佛”“外无一物而能建立，皆是本心生万种法”“识自心众生，见自心佛性”“自性若悟，众生是佛；自性若迷，佛是众生”“自见本心，自成佛道”，这些都是惠能始终强调的顿教宗旨。但我们同样需要强调的是，惠能并不是说一切众生当下皆是现成之佛，而只是说自心、本心是人人皆有的成佛之必要前提；并不是说本有自心、自性的众生不用修行就当下是佛，而是说需要见自心、悟自性才能成佛，而见自心、悟自性并非人人天生皆能，而是需要一定的修行，不过不同根机之人修行方法和开悟所需时间不同罢了。因此惠能在偈中最后还是强调修行的必要性："顿教法门今已留，救度世人须自修。"

正如前面《真假动静偈》是惠能思想的一种总结，此处《自性真佛偈》是惠能思想的又一种总结，是对明心见性、顿悟成佛、自证自悟之顿教宗旨的总述。本来清净的真如自性才是真佛，法身、报身、化身本是一身，因为都是真如自性的显现。自性化身即众生，本来清净性即由化身众生显现，众生成佛即是其真如自性开显起用，所以成佛的关键不在于自性之外的建造寺庙等外在行为，而在于开显自心本有的真如自性。如不能在开显自心本有的真如自性这方面用功勤修，而执著于外在的种种事相功德，则是"大悠悠"的虚耗岁月。

师说偈已，告曰："汝等好住，吾灭度后，莫作世情悲泣雨泪。受人吊问，身着孝服，非吾弟子，亦非正法。但识自本心，见自本性，无动无静，无生无灭，无去无来，无是无非，无住无往。恐汝等心迷，不会吾意，今再嘱汝，令汝见性。吾灭度后，依此修行，如吾在日。若违吾教，纵吾在世，亦无有益。"复说偈曰：

兀兀[①]不修善，腾腾[②]不造恶。
寂寂断见闻，荡荡心无著。

师说偈已，端坐至三更，忽谓门人曰："吾行矣。"奄然迁化[③]。于时，异香满室，白虹属地，林木变白，禽兽哀鸣。

【注】 ①兀兀：不动的样子。②腾腾：逍遥自在的样子。③迁化：迁移化灭，逝世的别称。

【按】

"吾灭度后，依此修行。"临逝之际，念念不忘的是强调修行的重要。"但识自本心，见自本性，无动无静，无生无灭，无去无来，无是无非，无住无往。"若见本心本性，皆毕竟空，皆无自性，本来清净，则知动静、生灭、去来、是非、住往等一切法，皆是虚妄不实。

"兀兀不修善，腾腾不造恶。寂寂断见闻，荡荡心无著。"这四句偈说的是修行所欲达到的境界，是修行的方向，而不是修行的方法。关键的问题是，凡夫如何才能做到"不修善，不造恶，断见闻，心无著"？

十一月，广、韶、新三郡官僚洎门人僧俗，争迎真身①，莫决所之。乃焚香祷曰："香烟指处，师所归焉。"时香烟直贯曹溪。十一月十三日，迁神龛并所传衣钵而回。

次年七月出龛，弟子方辩以香泥上之。门人忆念取首之记，仍以铁叶漆布，固护师颈入塔。忽于塔内，白光出现，直上冲天，三日始散。

韶州奏闻，奉敕立碑，纪师道行。师春秋七十有六，年二十四传衣，三十九祝发②，说法利生三十七载。嗣法四十三人，悟道超凡者莫知其数。达磨所传信衣（西域屈眴布也），中宗赐磨衲宝钵，及方辩塑师真相并道具，永镇宝林道场。留传《坛经》，以显宗旨，兴隆三宝，普利群生者。

【注】 ①真身：这里指惠能的肉身舍利。②祝发：断发、剃发，即出家落发。

【按】

惠能去世及真身入塔时所出现的异象，在佛教文献中屡见不鲜，主要用以烘托高僧的功德和表达弟子、世人的崇敬，这是各种宗教都常用的一种表现手法。